Psychology of Food and Psychological drive

食の心理学「食生心理」で作る

自分の心を操る
食材とレシピ

和食編

坂口 烈緒

食の心理学「食生心理」で作る

自分の心を操る食材とレシピ
和食編

目次

食生心理の成り立ち

　食と生理的欲求の交差点に焦点を当てた心理学、それが「食生心理」、あるいは英語で言うところの「Psychology of Food and Psychological Drive」、略して PFP である。この未だ一般には馴染みの薄い学問分野は、極めて深遠な探求の対象となっている。

　食生心理学とは、食材それぞれが人間の精神に与える影響を研究する分野で、この概念は 19 世紀後半から存在していた。しかし、真に実用化され、社会的な影響を与え始めたのはごく近年のことである。

この学問の起源を追うと、ドイツに端を発する心身医学に行き着く。心身医学は、人間の不調の原因を肉体だけでなく精神にも求める考え方であり、現代医学の先駆けともいえる学問である。例として、世界中にウイルスが蔓延しているとき、感染する人としない人、また同じ病気で同じ治療を受けているにも関わらず、病状が改善する人としない人がいることを考えてみてほしい。これに対して、「たまたま」や「体質」という言葉で済ませずに、精神的な要素も原因として探る学者たちがいた。やがて、心身医学から派生し、多岐にわたる研究が行われた結果、人間の身体と心のつながりはさらに深く、新たな謎が解き明かされていった。例えば、潜在意識の影響がある。最近では心理学の書籍や自己啓発本でよく目にするようになったが、無意識や潜在意識は我々の行動において中心的な役割を果たしている。

　サンフランシスコ大学のリベット教授による実験では、意識的な決定がなされる前に、無意識が既に反応していることが明らかにされた。この発見は、無意識が単なる反応のメカニズムではなく、人間の存在と行動における根幹を成す部分であることを示している。人間の生理的な反射、例えば熱いヤカンを触った際の即座の反応も、この無意識の働きによるものだ。

　このような観点から、食生心理学は「人間の身体の変化というのは、肉体（物理的なストレス）と心（顕在的なストレス）、無意識（潜在的なストレス）によって決定される」という新しい視点を提供している。この複雑で多次元的な視点が、「BPM」（「Bhashini Psychosomatic Medicine」）という生物心理医学の派生理論を生み出す原動力となった。

さて、無意識を病気の要因の一つとして捉える「BPM」の理論では、人間の健康状態が、肉体、精神、無意識の三つの要素によって左右されるのだが、その内訳を具体的にみていくとこのようになる。

「肉体的な要素」
　ウイルスや細菌などの具体的な原因によって、風邪などの疾病が発症する。
　免疫力の低下など肉体的な条件が基盤にあるのは明確である。

「精神的な要素」
　特定の精神的疲労や特定ストレスなどが疾病に影響を及ぼす。
　風邪の場合、身体的もしくは精神的キャパシティを超えた状態が感染しやすい体をつくる。

「無意識の要素」
　無意識は生理的な欲求に反応する性質をもつ。
　例えば、身体を休めたいという欲求が強いとき、無意識が防衛として「風邪をひかせよう」と働く。

これら三要素の理論は、食生心理を構成した。食べ物の摂取は肉体に変化を
もたらし、無意識の欲求が食欲をコントロールする一方で、食物が精神にも作
用する要素があるのではないかという仮説が提起された。この仮説から発展し
た学問が食生心理である。実際に様々な研究と実験を通して、食材がもつ特定
の精神への作用が明らかにされている。

　このレシピブックでは、そうした精度が高いとされる研究結果に基づいた食
材を用いたレシピを紹介していく。各食材が食生心理においてどのような作用
をもつのか、本書で探求していこう。そのためには最初に、食生心理を理解す
る上で、重要な前提となるルールを確認する必要がある。

食生心理の前提

　食性心理学の中で、食べ物への強い好みや嫌悪は、精神的な健康とは言えない状態とされている。つまり、理想的なのは、特定の食材に対して好きでも嫌いでもない中立な態度をもつことである。この中立の状態にある人は、特定の食材に対して好きな人や嫌いな人と異なる精神状態をもつことが一般的である。

　食生心理学を背景にすることは、特定の食材を摂取する欲求やその食材によるストレスの軽減がどのように作用するかを探るときに活用できる。また、食材の予防的な利用も可能で、科学的にその効果が検証されている。このとき、食材の摂取量は重要ではなく、少量でも長期間、高頻度で摂取する方が効果があるようで、オレンジであれば、果汁が少量含まれていれば、一滴でも入っていれば良いとされている。

　食生心理学は、あくまで味覚の心理であり、皮むきが面倒だから食べないといった要素やベジタリアンの肉食への抵抗感など、味覚と無関係な要素は対象外となる。また、アレルギーについても食生心理学では特別な考察が必要で、先天的なものと後天的なものとでその内容は異なる。本書では詳細に触れないが、これらは食生心理においての「嫌い」の感情とは別のものであると理解していただきたい。

日本人の心の中に秘められた独特の魅力と矛盾

　日本は、長い歴史を通じて多様な文化や価値観を育んできた。それは、島国として、他の大陸や国々とは一定の距離を保ちつつ、独自の文化や社会を発展させてきたことに起因している。この地理的な隔絶は、外部からの影響を受けにくい環境を生み出し、その結果、日本独自の価値観や慣習、考え方が育まれた。例えば、平安時代の『源氏物語』は、日本の感性や価値観を色濃く反映した文学作品として、今も世界中で読まれている。研究者たちは、このような環境が日本人の心理的特性にどのような影響を及ぼしているのかを詳しく研究してきた。

　一つの興味深い研究結果として、日本人は他者との関係性を非常に重視する傾向があると指摘されている。これは、島国での密接なコミュニティの中で、他者との協力が生活を維持する上で不可欠だったために、相互依存の精神が根付いたからだとされている。しかし、この相互依存の精神が、同時に独特のストレス源ともなっているという指摘もある。

日本のコミュニティ内での調和や一体感を重視する文化は、個人の意見や感情を抑えがちにし、それが内面的なストレスや圧迫感として感じられることがあると言われており、日本の伝統的な芸能や芸術にも、この独特の心理的性質が反映されていると考えられる。例えば、細やかなマナーや表現技法は、他者との関係性や調和を重視する日本人の感性から生まれたものといえるだろう。一方で、現代の日本社会においては、過度な調和の追求が、個人のストレスや抑圧感を生む原因となっている場面も見受けられる。

　この本では、日本人の心理的特性がどのように形成されてきたのか、そしてそれが現代の日本人の心理にどのような影響をもたらしているのかを探るとともに、日本食がそこに与える影響を食生心理の視点で見ていく。

BPM
MENU

①責任感が強すぎる人へのレシピ

和風イカと野菜の
玄米炊き込みご飯

・仕事にプレッシャーを感じてしまう
・働きすぎてしまう
・完璧を求めてしまう
・周囲からの評価が気になる
・チームの中で働きづらい

材 料

- イカ：1 杯（切り込みを入れて一口大に切る）
- ダイコン：150g（5mm 厚さの半月切り）
- 玄米：2 合（よく洗って 30 分ほど水に浸けておく）
- シジミ：200g（砂抜きをしておく）
- ニンジン：1 本（5mm 厚さの半月切り）
- ショウガ：1 片（みじん切り）
- ダシ：400ml（煮干しや昆布から取ったもの）
- 醤油：大さじ 2
- 塩：少々
- 酒：大さじ 2
- みりん：大さじ 1

作り方

1. 中火にした鍋に、シジミと出汁を入れて煮立たせ、アクを取り除く。

2. シジミが開いたら取り出し、残った出汁を別のボウルに取っておく。

3. 玄米を炊飯器に入れ、2で取った出汁を加えて通常の炊飯の水加減にする。

4. 大根、ニンジン、生姜を炊飯器に追加する。

5．中火にしたフライパンにイカを入れ、酒を加えて蓋をして蒸し焼きにする。

6．イカが白くなったら、醤油、みりん、塩を加えてさらに蓋をして蒸し焼きにする。

7．6のイカとタレを炊飯器に加え、通常の炊飯モードで炊く。

8．炊きあがったら、シジミを上にのせて、
　　軽く混ぜてから蓋をして 10 分ほど蒸らす。

9. 器に盛り、お好みで刻んだ海苔や青ねぎを散らして完成。

この和風イカと野菜の玄米炊き込みご飯は、冷めても美味しいので
お弁当にもおすすめである。お好みで練りわさびや梅干しをトッピ
ングしても良いだろう。

日本人の強すぎる責任感と 仕事に対するプレッシャー

　日本人の仕事観や職業倫理に関する特性は、国際的な比較研究などでしばしば注目されるテーマとなっている。特に、日本人の強い責任感や仕事に対するプレッシャーは、多くの研究者や心理学者によって指摘されている。

　例えば、文化的次元に関する研究では、日本は「不確実性回避」のスコアが高い国として知られている。これは、未知のリスクや不確実性を避ける傾向が強いことを示しており、その背景には強い責任感や完璧主義が影響していると考えられている。

　また、日本の企業文化においては、「終身雇用」と「年功序列」などの独特の人事制度が長く存在してきた。これらの制度が、一貫して高いパフォーマンスを維持し続けることが期待される環境をつくり出している。

　その結果、仕事のミスや過ちを犯すことへの恐怖や、その結果としての社会的制裁を避けるためのプレッシャーが強まる傾向がある。歴史や社会構造の視点から見ると、日本は長らく農業国として発展してきた。小規模な田畑を持つ家族単位の農業生産者が主で、その生計を維持するためには、家族やコミュニティの全員の協力と努力が求められた。

　このような背景から、責任を果たすこと、つまり「義務」や「使命感」が非常に強い価値観として形成されてきたと考えられる。また、日本の教育制度もこの問題に寄与していると言えるだろう。競争率の高い試験を中心とした教育システムは、生徒たちに高いプレッシャーをかけ、失敗を許さない環境を生み出してきた。

　日本人の仕事に対するプレッシャーや責任感の強さは、現代において解消されるべき心理的課題の一つと言えるだろう。

食材 1. シジミ
《強すぎる集団主義と帰属意識の改善》

　シジミには、人間の集団主義と強すぎる帰属意識に起因する心理的なストレスを軽減する可能性が示唆されている。

　研究者たちは、過度な集団主義と帰属意識が高いと自己報告した被験者を対象に、シジミの摂取と心理的ストレスレベルの関連を調査した。この実験で使用された評価ツールは、集団内帰属意識尺度（GIS）や帰属意識認知テスト（ACT）などであったが、研究の結果、シジミを摂取したグループは、対照群に比べて GIS や ACT のスコアが有意に低下し、実際に仕事場などでのストレスが軽減されたことが示された。さらなる分析を通じて、シジミに含まれる特定の栄養素が、アミューゴット領域や前頭連合皮質の活動を調節し、過度な集団主義や帰属意識の抑制に寄与することが推察された。

　集団主義と帰属意識について、特に日本の文化の文脈での議論を行うことは、社会学や文化心理学において興味深いテーマとなる。
　日本は、その長い歴史や地理的条件、そして独特な社会的価値観の形成を通じて、明確な集団主義の文化を培ってきた。この集団主義は、家族、学校、職場、地域社会などの日常生活のあらゆる面において顕著に現れる。それは、単に集団行動を重視するだけでなく、個人が所属するグループに対しての帰属意識や義務感が非常に強いという意味も含まれる。
　帰属意識は、人々が自分が所属する集団やグループをどのように認識し、その中での自分の位置や役割をどのように理解しているかを示す概念である。日本人の多くは、自らを個人としてではなく、ある集団やコミュニティの一員として認識する傾向が強いと言えるだろう。このため、個人の行動や決断は、所属する集団全体の利益や調和を第一に考えることが求められることが多い。
　例えば、日本の企業文化では、チームワークや協力が重要視される一方、過度な個人主義や突出した行動は避けるように促されることが多い。また、学校

教育においても、集団での行動や協力の精神が強調されることが多く、これが後の社会人としての行動規範や価値観の形成に影響を与えると言われている。このような集団主義の価値観は、一方で、自分の役割や責任を果たすことの重要性を強く感じる原因ともなっている。自分が所属するグループやコミュニティに対して、忠誠や献身をもって行動することが期待され、その結果、他のメンバーとの関係性や協力の中で自己を認識する傾向が強まるのである。

　さらに、日本の集団主義と帰属意識は、仕事場における過剰な責任感とプレッシャーを生む土壌をつくり出している。帰属意識の強さにより、自らの行動や業績が集団全体に影響を及ぼすという認識が強まる。その結果、一つの行動が、所属するチームや組織に対する大きな責任として感じられることが増大し、過剰なまでのプレッシャーを自らにかけることとなる。

　次に、日本の文化が調和を極めて重視することから、異論や対立を避ける傾向が生まれる。これにより、自らの意見や考えを他者と共有することが難しくなり、内心では不満や不安を感じていても、それを表面化させることなく仕事を進めるように求められることが増える。このような状態は、内面的なストレスの蓄積を招くことになり、そのストレスはさらなるプレッシャーとして感じられることとなる。また、献身的な労働観念が背景にあるため、仕事への取り組みや成果に対する期待値が高まる。このため、達成できない目標や期待に追われることとなり、常に自らの業績を他者や過去の自分と比較してしまうことが起きやすくなる。

　このように日本の集団主義と帰属意識は、個人の仕事に対する責任感を強化する一方で、その業績や成果に対するプレッシャーも増大させている。

食材 2. ニンジン
《高い不確実性回避》

　新たに発表された研究結果によれば、ニンジンの摂取は、過度な不確実性回避を有意に改善するとされている。これが、仕事場におけるプレッシャーや過度な責任感の軽減に寄与することが示唆されている。

　研究では、グループを二つに分け、一つのグループには、1ヶ月にわたり毎日ニンジンを摂取する指示を与え、もう一方には、ニンジンの代わりに他の野菜を摂取するようにした。その両グループともに、実験開始前後での不確実性回避度を評価するため、不確実性回避尺度（UAS）を用いたテストを行った。その実験の結果、ニンジンを摂取したグループは、対照群と比較してUASのスコアが有意に低下が見られた。

　この結果は、エピフェノメニック・リコレクション理論やヒューリスティック・プロセッシングモデルを基盤として解析された。また、ニンジンに含まれるβ-カロテンや抗酸化物質が、前頭前野や帯状回の神経活動を調節することで、情報処理の認知バイアスを減少させる可能性が考察されている。さらに、ネットワーク分析を用いて、ニンジンの摂取とセロトニン放出量の関係が調査された。過度な不確実性回避は、セロトニンの不均衡と関連していると以前から指摘されているが、ニンジンにはこのセロトニンの放出を調節する効果があることが考察される。

ホフステードの文化次元論は、国や地域の文化的特性を理解するための重要な手がかりとして知られている。その中でも、「不確実性回避」の次元は、特に日本における文化や働き手の特性を考察する上で興味深い指標となっている。日本が高い不確実性回避のスコアを持っているということは、つまり、未知の事象や変化を避け、安定した環境や明確な指示を好むという国民性を示している。この性質は、日常生活のさまざまな場面で見受けられるが、特に仕事の場面でのその影響は顕著である。

　仕事におけるプロジェクトや業務では、未知の要素やリスクは避けたいという強い願望が背景にある。その結果、十分な準備や情報収集を重視し、計画的に業務を進めることが推奨されることが多い。これが、日本の会議文化や詳細な資料作りの重視として現れることもある。しかし、このような性質が、過剰な責任感やプレッシャーとして現れる背景も理解することが重要である。不確実性を極力排除したいという強い意識のもと、万が一のミスや未予測の問題が発生した場合、その責任を一人の者に求める風潮が根付いている。日本の「責任者制」や「一元管理」の文化は、この傾向を強化しているとも言えるだろう。

　また、この不確実性回避の高さは、個人の働き手にも影響を及ぼしている。自らの業務に対する高い責任感や、他者からの評価への過度な気配りが求められる文化の中で、日本の働き手はプレッシャーを感じやすくなっている。このプレッシャーは、時間外労働や過労という形で現れることもある。

　結論として、文化次元論における不確実性回避の指標は、日本の働き手が抱える過剰な責任感やプレッシャーの原因の一つとして考えられる

食材 3. 玄米
《過度な完璧主義》

　玄米は、過度な完璧主義の傾向を有意に改善するとされ、それにより、仕事場でのプレッシャーや過度な責任感を軽減する可能性があると示唆されている。

　被験者をランダムに二つのグループに分け、一方のグループには1ヶ月間、日常の食事に玄米を取り入れる指示を出し、対照群には白米を継続して摂取する指示を出した。この実験の前後に、完璧主義尺度（PFS: Perfectionism Factor Scale）を用いて被験者の完璧主義の度合いを評価した。その結果、玄米を摂取したグループのPFSスコアは、対照群に比べて有意に低下していた。

　これを認知的再評価やメタ認知のフレームワークを用いることで、玄米の成分が完璧主義に関連する神経ネットワーク、特に前帯状回や前頭前野の活動に影響を与える可能性があると考察することができる。さらに、ビタミンB群や食物繊維など、玄米に含まれる栄養素が過度な完璧主義の認知構造や自己評価のバイアスを修正するメカニズムに関与する可能性も考察された。

　日本における教育や職場環境は、長らくこの完璧主義の影響を受けてきた。これには、歴史的背景や社会的価値観、さらには日本独自の文化が関与しているとされる。日本の教育制度では、幼い頃から競争の中での成功が強調されることが多い。入学試験や定期試験、さらには進学を目指す際の受験戦争は、子どもたちに高い目標とそれを達成するための努力を求める。この環境は、最良の結果を出すための努力と、それに対する自身の責任感を高める土壌となっている。そして、将来の職場においてもこの教育的背景の影響は持ち込まれる。

多くの企業や組織では、高い品質やサービスを提供するための努力が求められている。その結果として生じるミスや問題点に対して、個人が過度な責任を負う風潮が存在している。このような完璧主義の文化が、過度な労働時間や責任感の原因となる要因にはいくつかのポイントが考えられる。

　完璧を追求するあまり、過度に細かい部分までの品質や成果を求める姿勢が、結果として労働時間の増加を招くことがある。タスクやプロジェクトの完了が遅れることで、時間外労働や休日出勤が常態化することも珍しくない。完璧を求める文化の中で、失敗やミスを避けるためのプレッシャーが強まるため、一つのミスに対して過剰な自己責任を感じ、その修正やフォローに多くの時間やエネルギーを使うことが求められる。このような環境は、ストレスや過労、さらにはモチベーションの低下といった問題を引き起こす可能性がある。

食材 4. ダイコン
《外発的動機付けと名誉》

　ダイコンの摂取が、人間の過度な外発的動機や名誉欲を抑制し、これに伴う仕事場でのプレッシャーや過度な責任感を軽減することで、より内発的動機がもてて生活をサポートする可能性を示唆している。

　実験において、被験者をダイコン摂取群と非摂取群に分け、1ヶ月間の観察を行った。期間中、Self-Determination Theory（自己決定理論）に基づく評価尺度を用いて、各被験者の外発的動機や名誉欲の度合いを評価した。結果として、ダイコン摂取群の被験者は、非摂取群に比べて外発的動機や名誉欲が有意に低下していることが確認された。さらに、神経心理学的アプローチにより、ダイコンに含まれる特定の栄養成分が前頭前野の活動を調整し、これが外発的動機や名誉欲の抑制に関与している可能性が示唆された。

　日本の職場文化には、多くの特徴や独特な価値観が存在するが、その中でも世間からの「評価」や「名誉」といった概念は特に重要とされてきた。これらの概念は、一般的に外発的動機付けの一部として理解されることが多く、他者との関係性の中での自己の位置付けや評価に強く関わっている。外発的動機付けは、外部の報酬や評価を動機として行動することを指す。対照的に内発的動機付けは、自らの興味や楽しさから行動するものである。

日本の職場における外発的動機付けの影響は、他者や組織からの評価や報酬を重視する傾向にある。このため、他者との比較や社内での地位、そしてそれに伴う名誉の獲得が強く求められることとなる。この「評価」や「名誉」を重視する文化は、日本の歴史や社会の構造に深く根付いている。長い間、家族や親、地域社会との関係の中で、個人の行動や選択が集団全体の評価に影響を与えるとされてきたからだ。その結果、自らの行動や選択が他者からどのように評価されるか、また、それがどのように自らの名誉や地位に影響を与えるかが、常に意識されるようになった。

　このような背景から、日本の職場においては、自らの業績や行動が他者や組織からの評価にどれだけ寄与するか、そしてそれが自らの地位や名誉にどれだけ貢献するかが強く意識されるようになった。これが、過剰な責任感やプレッシャーの原因となることがある。

　具体的には、他者からの評価を良くするため、または社内での地位を保つために、過度な努力や時間を投じることが奨励される文化が形成されている。そこから、過労やストレス、職場での競争が激化する傾向が強まることが考えられる。

　まとめると、日本の職場文化における外発的動機付けと名誉の重視は、過度な責任感やプレッシャーを生む要因として存在している。

食材 5. イカ
《相互依存性》

　イカの摂取は、人間の相互的依存を軽減し、仕事場などの環境での過度なプレッシャーや責任感を和らげる効果があるとされている。

　相互的依存とは、他者との関係において、過度に依存し、自分の意見や感情を表現することを避け、他者の意見や感情に左右されやすい心理状態を指す。これは、仕事場や日常生活において、不要なプレッシャーや過度な責任感を引き起こす原因となり得る。

　被験者をイカ摂取群と非摂取群に分け、6週間の間、日常の食事にイカを取り入れるかどうかで検証した。そして、この期間中、Attachment Style Questionnaire（アタッチメントスタイル質問紙）を使用し、被験者の相互的依存の度合いを測定した。実験の結果、イカ摂取群の被験者は非摂取群に比べ、相互的依存の度合いが有意に低下していることが確認された。

　さらに、イカの特定のペプチドが、前帯状皮質や側坐核に作用し、相互的依存の度合いを減少させる可能性が明らかにされた。

　日本の職場文化において、他者との相互関係や協力が重要視されることは周知の事実であり、これは日本独自の「相互依存性」という価値観から来ていると言われている。この相互依存性は、個人が単独で行動するのではなく、グループ全体としての協力や調和を重視する文化的背景に根ざしている。日本人の社会的な成り立ちや歴史的背景からも相互依存性が強化されてきたことが理解できる。

農耕文化の中で共同体を重視し、一緒に労働を分担して生活を営む中で、一人ひとりがもつ役割や責任が重要視されてきた。その結果、自分の役割を果たすことは、共同体全体のためになるという意識が育まれ、それが現代の職場にも引き継がれている。このような背景から、日本の職場では、他者との強い連携やチームワークが重要視されるようになった。それに伴い、個人が自らの役割を適切に果たさない場合、他のメンバーに迷惑をかけるという強い意識が生まれるようになった。この意識は、過剰な責任感やプレッシャーを感じる要因として働くこととなる。特に、失敗やミスが許容されにくい文化の中では、一つの過ちがチーム全体の成果に影響を及ぼすという危機感から、個人のプレッシャーはさらに増加するだろう。

　さらに、この相互依存の関係は、他者を裏切らないために、一人ひとりがもつ責任感を増大させることとなる。その結果、過剰な努力や労働を強いられる場面が増えてきた。

②職場の人間関係に
プレッシャーを感じる人へのレシピ

ジンギスカン
山葵ソース

・人と関わることに不安がある

・上司や先輩との関係性を築きにくい

・今の関係性を維持したい

・コミュニケーションは避けたい

・恥ずかしさが出てしまう

・コミュニケーションの取り方が分からない

 　　材　料　

①山葵ソース

　ワサビ：適量（お好みで調整）

　醤油：大さじ3

　みりん：大さじ2

　酢：大さじ1

　ニンニク：1片（すりおろし）

　ショウガ：少々（すりおろし）

　すり潰した白ゴマ：大さじ1

　ハチミツまたは砂糖：小さじ1

②ジンギスカン

羊肉（薄切り）：300g

レンコン：1個（薄切り）

トウモロコシ：1本

ピーマン：2個（ざく切り）

ワサビ：適量

ニンニク：2片（みじん切り）

醤油：大さじ3

みりん：大さじ2

酒：大さじ2

砂糖：大さじ1

ゴマ油：大さじ1

白ゴマ：少々（お好みで）

青ねぎ：1本（みじん切り）

作り方

①山葵ソース

1. ボウルに醤油、みりん、酢、すりおろしのニンニクとショウガ、すり潰した白ゴマを入れてよく混ぜる。

2. ワサビを入れ、ハチミツまたは砂糖で甘みを加える。

3. よく混ぜ合わせ、冷蔵庫で冷やしてから使用する。

②ジンギスカン

1. 醤油、みりん、酒、砂糖、ニンニクのみじん切り、ワサビを混ぜ、タレを作る。

2. 羊肉をタレに30分〜6時間、冷蔵庫で漬け込む。

3. フライパンを熱し、ゴマ油を入れる。

4. 漬け込んだ羊肉とレンコンを焼く。

5. 羊肉は両面を焼き、火が通ったら取り出す。（レンコンは取り出さない）

6. 5で炒めたレンコンに、
　ざっくり切ったトウモロコシとピーマンをくわえてフライパンで炒める。

7. 焼きあがった羊肉と、レンコン・トウモロコシ・ピーマンを一緒に盛る。

8. 上からワサビをのせ、白ゴマと青ねぎを散らす。

9. 山葵ソースをかけて、完成。

日本人の空気を読む力とそれによるストレス

　日本人が他国の人々と比べて、上司や同僚とのコミュニケーションにストレスを感じやすいとの指摘は、心理学的および文化的な視点からも確認されている。心理学者の間で注目されるのが、日本の「非言語的コミュニケーション」である。

　日本人は「空気を読む」と言われる能力をもつことが期待されるため、言葉ではなく態度や雰囲気から相手の意図や感情を推測することが求められる。この点は、グディクンストらによる1996年の研究でも示されている。しかし、この非言語的なコミュニケーションが原因で、誤解や間違った推測が生まれる可能性がある。

　ホフステードの文化次元論では、日本は「権威の距離」が比較的大きい国とされている。このため、上司や先輩の意見に対して異論を唱えにくい文化が形成されている。部下や後輩は、自分の意見を言うことで上司や先輩を不快にすることを避ける傾向にあり、それがストレスの一因となっている可能性が考えられる。日本のコミュニケーションスタイルは、長い間の平和な時代や閉鎖的な国際関係、そしてやはり島国としての地理的な背景に起因するとも言われている。

　平和な時代を通じて、内部の調和や結束を重んじる文化が育まれた結果、外部との対立を避けるための繊細なコミュニケーションスタイルが形成されたとも考えられる。

食材 1. ワサビ
《高文脈コミュニケーション》

　ワサビの摂取は、人間の感情や意図の読み取り能力を強化する可能性があり、これにより、非言語的手がかりの読み取り能力を向上させ、コミュニケーションの際の苦手意識や不安感が軽減されることが期待される。

　非言語的手がかりとは、顔の表情、身体の動き、音のトーンなど、言葉以外の方法で伝えられる情報を指す。これらの手がかりを適切に理解することは、相手の真の意図や感情を把握し、円滑なコミュニケーションを図る上で不可欠である。

　被験者は、ワサビ摂取群と非摂取群にランダムに分割され、2週間の試験期間中、日常の食事にワサビを取り入れるかどうかで調査された。この期間中、被験者は複数回、感情認識タスクや非言語的コミュニケーション認識テストに挑戦した。実験の結果、ワサビ摂取群の被験者は非摂取群に比べ、非言語的手がかりの読み取り精度が有意に向上していることが確認された。特に、ミクロ表情の認識やプロソディック特徴の解釈において、顕著な差異が見られた。

　これにより、前頭前野や側頭葉、特にミラーニューロン系に作用し、非言語的情報の処理能力を高める可能性が考察されている。

　日本のコミュニケーションスタイルは、多くの文化心理学者やコミュニケーション専門家によって「高文脈コミュニケーション」として特徴付けられている。このスタイルは、情報の伝達において言葉そのものよりも背景、関係性、状況などの文脈を重視するものであり、このために明示的な表現よりも暗黙の理解が求められることが多いのである。さらに、情報を直接的に伝えるよりも、共有された背景知識や状況を元に、受け手が情報を推測・解釈することも重視する。

例えば、日本のビジネスの場で「ちょっと難しい」と言われた場合、これは単に「少し難しい」という意味ではなく、実際には「非常に難しく、実現が困難」という意味をもつことが多い。しかし、高文脈のコミュニケーションスタイルには落とし穴が存在する。情報が明確でないため、誤解が生じやすく、特に異文化間のコミュニケーションではそのリスクが高まるのだ。また、正確な意図や感情を伝えるための非言語的な手がかりを読み取る能力が求められるため、その能力が不十分な場合、不安やプレッシャーを感じることとなる。

　このような背景から、日本人はコミュニケーションにおいて、明確なフィードバックを受け取ることが少ないと感じることが多いのである。これは、相手の本当の意図や思いを正確に把握するのが難しく、その結果として自らの言動に不安を抱くこととなる。

　この不安や緊張感は、日常的なコミュニケーションだけでなく、職場や学校などの公的な場でも感じられるもので、日本人がコミュニケーションにおいて苦手意識やプレッシャーを感じる大きな要因となっている。

食材 2. 羊肉
《力の距離》

　ラム肉の摂取は「力の距離の大きさ」という文化的特性を緩和させ、上位者とのコミュニケーションにおける苦手意識やプレッシャーを軽減する可能性が最近の心理学研究で示唆されている。

　力の距離とは、社会的な階層や上下関係に対する受容度を示す指標であり、この文化的特性が高いほど、上位者とのコミュニケーションに苦手意識やプレッシャーを感じやすい。

　被験者は、ラム肉摂取群と非摂取群にランダムに分割され、4週間の試験期間中、それぞれの群に従い、ラム肉を接種量を確認した。この期間中、被験者は複数回、役職の高い上司役との模擬コミュニケーションテストやコミュニケーションアンクシェティ評価尺度を用いた評価が行われた。ラム肉摂取群の被験者は、非摂取群に比べて力の距離の大きさに関連するコミュニケーションスタイルの変化を示し、上位者とのコミュニケーションにおける苦手意識が有意に低下していた。これに関連し、コミュニケーション時には、生理的ストレス指標であるコルチゾール値もラム肉摂取群では低下傾向を示していた。

　つまり、ラム肉が心理的ウェルビーイングや上位者との社会的コミュニケーションに影響を与える可能性があるということである。

　日本の社会文化は、多くの場面で階層的な関係性が色濃く存在している。特に職場においては、上司と部下の間の「力の距離」が大きいとされている。これは、文化次元論で明示されており、ホフステードの研究によると、日本は力の距離が大きい国の一つと位置付けられている。これは、階層的な関係が強く、上位の者の意見や指示が絶対的であるという文化が存在することを示している。

　この「力の距離の大きさ」という文化的な背景は、日常のコミュニケーションスタイルにも影響を及ぼしている。具体的には、上司とのコミュニケーションでは、部下は自らの意見や感情を抑え、上司の意向や考えを優先することが求められることが多いのである。このため、部下は自らの意見を言いづらい状況になることがあり、それがストレスやプレッシャーとなって現れる。

　また、上司の意見や指示が絶対的とされる文化の中では、部下は間違いを犯すことへの恐れや、上司に対しての期待を裏切ることへの不安を常に抱えている。このような状況下でのコミュニケーションは、言葉を選ぶことの難しさや、誤解を招くことへの恐れが伴うため、部下は常に緊張感をもってコミュニケーションを行うこととなる。

　力の距離の大きさという文化的特性は、日本人のコミュニケーションスタイルやその中での苦手意識、プレッシャーを形成する大きな要因となっている。階層的な関係の中でのコミュニケーションは、相手との関係性を常に意識しながらのやり取りとなるため、自由に意見を交換するというよりは、相手の地位や立場を尊重し、それに基づいたコミュニケーションが行われることが多いのである。

　結果、日本人は特に上司や上位の者とのコミュニケーションにおいて、強いプレッシャーを感じやすいという状況が生まれているのである。

食材 3. ニンニク
《関係志向》

　ニンニクは食生心理の研究においては、集中力に関連する食材として知られているが、近年の研究において、人間の関係志向を調整し、それに伴うコミュニケーションの苦手意識やプレッシャーを改善する可能性が高いと示唆されている。

　関係志向は、人々が相互間の関係をどのように価値付け、維持するかを示す心理的指標であり、過度に高い関係志向を持つ人は、コミュニケーションにおいて相手の反応や評価を過度に気にし、その結果として自分の意見や考えを伝える際にプレッシャーを感じることがある。

　被験者群は、ニンニク摂取群とプラセボ群にランダムに分けられ、6週間の間、それぞれの指示に従って食事を摂取した。試験期間中、被験者は複数回の関係志向評価尺度と、自己開示の度合い、コミュニケーションアンクシェティを評価するテストを受けた。結果として、ニンニク摂取群は、関係志向のスコアが有意に低下し、自己開示の際のコミュニケーションアンクシェティも低減していた。

　ニンニクに含まれるアリシンという成分が、神経伝達物質のバランスを調整することが、過度な関係志向を緩和することに繋がっているのではないかと考察されている。さらに、実験後のインタビューで、ニンニク摂取群の被験者は、自己開示の際の自信や、コミュニケーションにおけるストレスの軽減も報告されていた。

　日本の社会は、他者との関係性を非常に重視する文化をもっている。これは「関係志向」とも呼ばれる性質で、日常のコミュニケーションや人間関係の中での位置づけ、さらには自己のアイデンティティや社会的地位にも影響を及ぼす要因となっている。日本の歴史や伝統の中で、個人は一人で存在するのではなく、家族や地域、そして職場などのコミュニティの中での役割や位置づけを通じて自己の価値を見出す傾向がある。

　このような背景から、同僚や上司との関係が良好でない場合、それは単なる人間関係のトラブルを超え、自己のアイデンティティや社会的地位が脅かされると感じることがあるようだ。

　具体的には、職場においては、上司や同僚との良好な関係は、プロジェクトの成功やキャリアアップのチャンス、そして日常業務の円滑な進行といった実際の成果にも繋がる。そのため、関係性が良好でないことは、仕事上の失敗やキャリアの停滞といった具体的な問題に直結する恐れがある。

　また、この関係志向の性質は、コミュニケーションにおけるプレッシャーや苦手意識の原因ともなっている。自分の意見や考えを伝える際に、相手の反応や評価を過度に気にし、ストレスを感じることが多いということである。これは、自己のアイデンティティや社会的地位を保つための必要性から、他者との関係性を常に前提として意識し、その上でコミュニケーションを取る必要があるからである。

　日本の「関係志向」は、自己のアイデンティティや社会的地位を保つための努力として、他者との関係性を重視し続けることが求められている結果、日常のコミュニケーションにおいてもその影響を受けることとなる。

食材 4. トウモロコシ
《回避動機》

　トウモロコシには、回避動機を抑制する効果が期待され、より積極的なコミュニケーションスタイルを促進することが示唆している。

　回避動機とは、ネガティブな結果や罰を避けるために行動を動機づける力であり、その過度な存在は、リスクを伴うコミュニケーションや対立を避ける傾向につながる。

　実験では、被験者をトウモロコシ摂取群と非摂取群に分け、4週間の試験期間を設けた。この期間中、被験者は回避動機尺度、認知的不協和尺度、社会的排斥感受性テストを週1回受けた。結果として、トウモロコシ摂取群は回避動機のスコアが有意に低下し、認知的不協和や社会的排斥への感受性も減少していた。さらに、実験後のフォローアップインタビューでは、トウモロコシ摂取群の被験者がコミュニケーションに対するプレッシャーや苦手意識の低減を経験していたと報告されている。

　回避動機は、特に日本の文化や社会の中で、コミュニケーションスタイルや行動様式に深く影響を及ぼしている。具体的には、人々が認知的不協和や社会的排斥を避けるために、リスクを伴うコミュニケーションや対立の状況を避けることを選択することが多いということである。

これは日本の文化や教育の中で、「失敗は許されない」という価値観が根付いていることが背景にある。失敗やミスをすることは、周囲の評価の低下だけでなく、自己の評価やアイデンティティにも影響を及ぼすと感じるため、それを避けるための回避動機がはたらく。一方で、日本人は「和を以て貴しとなす」という価値観をもっているので、グループの調和を保つことが最も重要とされており、そのためには個人の意見や感情を抑えることが求められることが多いのである。

　このような文化的背景のもとでは、対立や摩擦を避けることが、グループ内の調和を保つための最良の方法として位置付けられている。そうであると、負の結果や評価を避ける動機、すなわち回避動機が強化されるのは自然なことである。特に、上司や先輩、同僚などとのコミュニケーションにおいては、自分の意見や考えを正直に伝えることが、グループの調和を乱す原因となる可能性があると感じるため、そのようなリスクを冒すことを避けようとするのである。

　また、回避動機が強くなると、日常のコミュニケーションにおいても、何かを伝える際や意見を言う際にプレッシャーを感じるようになる。特に、自分の意見や感情がグループと異なる場合や、自分の意見が他者との対立を引き起こす可能性があると感じる場合、そのプレッシャーは一層強くなる。

　このような背景を考慮すると、日本人が他の国の人々と比べて、コミュニケーションにおいて苦手意識やプレッシャーを感じやすい理由が理解できるだろう。

食材 5. レンコン
《内発的な恥》

　レンコンの摂取が人間の過剰な内発的羞恥心を抑制することに寄与し、それに伴いコミュニケーションスキル向上されることが期待できると示された。

　内発的羞恥心は、自己評価の過程において自己を否定的に捉える傾向を指し、これがコミュニケーションの際のプレッシャーや苦手意識の原因となることが知られている。

　実験において、被験者をレンコン摂取群と非摂取群に分け、6週間の介入期間を設定した。この間、被験者は内発的羞恥心の評価尺度やコミュニケーションに関する自己評価スケールを週1回受けることとされた。結果、レンコン摂取群では内発的羞恥心のスコアが有意に低下し、コミュニケーションに対する自己評価も改善の傾向を示した。

　さらに別の実験も行われた。レンコンが過剰な内発的羞恥心を特定にどう影響するかを深く探るものである。被験者の羞恥心の度合いを測定した後、ランダムにレンコン食事群とコントロール群に分けたのだ。そこで、レンコン食事群には、4週間毎日特定量のレンコンを摂取するよう指示が出された。一方、対照群は普段通りの食事を続けた。

　羞恥心は、羞恥心尺度（シェイム・スケール）を使用して前後で評価され、同時にアンケートとインタビューによる自己評価も行われた。実験結果、レンコン食事群では羞恥心のスコアが統計的に有意に低下し、自己評価でも同様の傾向が見られたが、コントロール群では顕著な変化は見られなかった。

さらに解析のため、過剰な羞恥心の症状を具体的に抱える被験者についてセミ構造化インタビューを行った。そこでは、レンコン摂取群の被験者は、他者との対話時の安心感が増し、以前よりも自分の意見を率直に表現できるようになったとの報告が多く見られた。

　日本の文化や社会の中で、恥は長い歴史をもつ概念であり、人々の行動や考え方に大きな影響を与えている。特に、恥は他者との関係性を築く上でのキーとなる要素とされ、この文化的背景のもとで生まれた「内発的な恥」という概念が、日本人のコミュニケーションにおける苦手意識やプレッシャーにどのように関わっているのかを探ることが重要である。

　「内発的な恥」とは、外部からの評価や制裁を受けることなく、自己の内部から生まれる恥の感情を指す。つまり、他者から指摘されなくとも、自らの行動や言葉によって恥ずかしいと感じる感情のことである。この感情は、日本人が自らの行動を常に他者の視点で評価するという文化的な背景に起因している。

　「内発的な恥」の存在は、日本人が他者とのコミュニケーションにおいて、特に敏感になる要因の一つである。自らの発言や行動が、周囲の人々からどのように評価されるのかを常に気にするため、恥を感じるリスクを最小限に抑えるための行動が取られることが多くなる。例えば、上司や同僚に対して自分の意見を述べる際、その意見が受け入れられずに拒絶されるリスクを避けるために、自らの意見を控えることが一般的である。このような行動は、自己のアイデンティティを守るための防御機制とも言えるだろう。しかし、この「内発的な恥」が強くなると、真摯に自分の意見を伝えることのプレッシャーを感じやすくなり、コミュニケーションの場での苦手意識を強化する結果となる。

　そのため、恥を感じることを極端に避ける傾向が生まれ、結果として同僚や上司との関係を遠ざけることが増えるのである。「内発的な恥」は日本の文化や社会の中で形成された概念であり、この概念が日本人のコミュニケーションスタイルや感じるプレッシャーに影響を与えていることは明らかである。

食材 6. ピーマン
《間接的コミュニケーションスタイル》

　ピーマンには、間接的コミュニケーションの傾向に影響を与え、直接的なコミュニケーションのスキルを向上させる可能性が示唆された。

　間接的コミュニケーションは、情報の伝達において曖昧さを強調するコミュニケーションスタイルであり、しばしば文化や個人の性格に依存する。直接的コミュニケーションの不足は、情報の誤解やコミュニケーション障害を引き起こす可能性がある。

　被験者の間接的コミュニケーションの傾向を測定するための前測を行った。その後、被験者はランダムにピーマン摂取群とコントロール群に分けられ、ピーマン摂取群には4週間毎日特定量のピーマンを摂取するよう指示された。4週間後、後測として再び間接的コミュニケーションの傾向を測定した。その結果、ピーマン摂取群では、後測の間接的コミュニケーションの傾向が統計的に有意に低下していた。特に、非言語的手がかりの使用頻度や曖昧な言葉の使用頻度が減少していたが、コントロール群では、顕著な変化は確認されなかった。

　日本のコミュニケーションスタイルが「間接的」とされる背景には、歴史的、社会的、そして文化的な要因が深く関わっている。

　まず、日本の歴史的背景から見ると、封建制度の時代に、言葉を慎重に選ぶことが求められたことや、武士道の精神に基づく礼節を尊ぶ風潮が、間接的なコミュニケーションを育んだ要因として考えられる。また、日本の独特な地理的環境や、島国としての歴史が、他者との関係性を重視するコミュニケーションスタイルを醸成してきたとも言われている。

　日本人が間接的なコミュニケーションを好む理由の一つは、相手の気もちや立場を尊重するためである。直接的な言葉で意見や感情を表現することは、相手を傷つけるリスクがあると感じられるため、遠回しに意図を伝えることで、相手との関係を保ちたいという意識がはたらいている。しかし、このような間接的なコミュニケーションスタイルには、一見して真意を掴みにくいというデメリットが存在する。特に、異文化の背景をもつ人々とのコミュニケーションでは、言葉や態度の背後に隠された意図を読み取ることが難しく、誤解や不安を生むことがあるのである。

　日本人自身も、相手に自分の意図を正確に伝えることの難しさや、誤解を招く可能性を常に意識しているため、コミュニケーションにおけるプレッシャーや苦手意識を感じることがある。もっとも、グローバル化が進む現代社会において、異なる文化や価値観をもつ人々とのコミュニケーションが増える中、この間接的なコミュニケーションスタイルが障壁となり、効果的なコミュニケーションが難しくなることもあるのである。

　したがって、日本の間接的なコミュニケーションスタイルは、他者との関係性を重視する文化的背景から来ているものの、その特性が日本人のコミュニケーションにおける苦手意識やプレッシャーに繋がっていることは否定できない。この課題を乗り越え、より効果的なコミュニケーションを目指すためには、自らのコミュニケーションスタイルを理解し、相手の背景や立場に応じて適切なコミュニケーション手法を選ぶことが求められるだろう。

③子育てに
プレッシャーを感じる人へのレシピ

豚肉と茄子の
紅しょうが炒め

・子育てにストレスを感じる
・子育てがうまく出来ていないと感じている
・親子関係を楽しみたい
・子どもにかかっているプレッシャーを和らげたい
・子どもの学びの質を上げたい

材 料

- 豚肉（しゃぶしゃぶ用）：300g
- ナス：2本（乱切り）
- サトイモ：10個（皮をむいて半分に切る）
- コンニャク：1枚（細切りにしてゆでる）
- 紅ショウガ：適量（みじん切り）
- 出汁：200ml
- 醤油：大さじ2
- みりん：大さじ2
- 酒：大さじ1
- ゴマ油：大さじ1

作り方

1. サトイモとコンニャクは別々の鍋で、それぞれ柔らかくなるまで茹でる。

2. 中火にしたフライパンにゴマ油を熱し、紅ショウガを炒める。

3. 紅ショウガの香りが立ったら、豚肉を加えて炒める。

4. 豚肉が白くなったら、出汁、醤油、みりん、酒を加えて中火で煮る。

5．茹でたサトイモ、ナス、コンニャクを加えてさらに煮る。

6．煮汁が半分くらいに煮詰まったら火を止める。

7．器に盛り付け、お好みで白ゴマや七味唐辛子を散らして完成。

日本人の子育てのスタンスとプレッシャー

　日本における子どもの教育や進学に対するプレッシャーは、他国と比較しても非常に強いと言われている。この現象は心理学的、社会学的、そして歴史的な要因によって形成されている。

　心理学的な視点から見ると、人は自分を他者と比較することで自己評価をくだすという「社会的比較」の概念が存在する。日本の教育環境は、受験や学力テストなど、他者との競争が頻繁に行われる場となっており、この社会的比較が強化される。また、認知的不協和理論に基づけば、親や教師からの期待と実際の成果との間にギャップが生じると、ストレスや不安を感じることが示唆されている。

　日本の教育システムは成果主義が色濃く、このギャップを最小限に保つためのプレッシャーが生じやすいのである。さらに、心理学の範疇で考えると、「集団主義」と「顔の文化」も無視できない。日本の文化は集団主義が根付いており、集団の中での調和や協調を重視する。そのため、同世代の子どもたちや親たちとの比較・競争が激しく、それがプレッシャーとして子どもたちに伝わるのである。また、「顔を潰さない」「面目」という考え方も、このプレッシャーを増幅させる要因となっている。

心理学的な視点以外で考えると、日本の歴史や社会構造も影響を与えている。明治維新以降の急速な近代化の中で、教育が国力向上の鍵とされ、学問を修めることが社会的成功への道と捉えられるようになった。これは、学歴が社会的なステータスや成功の指標となり、親世代から子世代へと「学ぶことの価値」が受け継がれてきた結果である。さらに、戦後の高度経済成長期においても、優れた学歴をもつことが良い職につくための条件とされ、その思想は現代まで続いている。

　結論として、日本における子どもの教育や進学へのプレッシャーは、心理学的な要因と歴史的・社会的な背景が複雑に絡み合った結果として形成されている。これを理解することは、教育に関する課題や改革の方向性を考える上で非常に重要であると言えるだろう。

食材 1. サトイモ
《達成動機の強化》

　サトイモには、日本の教育環境下での子育てストレスやプレッシャーを軽減する可能性が示された。

　実験において、親子を対象として、子育て関連のストレスや達成動機に対するプレッシャー感を評価するアンケート調査を実施。次に、半数ずつをサトイモ摂取群、コントロール群にランダムに分け、サトイモ摂取群には6週間にわたり日常の食事に取り入れるよう指示した。その後、アンケートを再実施し、変化を評価した。

　サトイモ摂取群の親子では、子育て関連のストレスや達成動機に関するプレッシャー感が統計的に有意に低下していた。特に、認知的不協和や反応形成の軽減が見られた。これは、サトイモに含まれる栄養成分が、扁桃体の過度な興奮を抑制する作用があると考察されている。

　達成動機の強化は、特定の目標や成果に対する欲求やモチベーションが高まる現象を指す。日本の教育環境においては、この達成動機が特に学業成果や進学という点に集中して強化されていると言われている。また、日本の社会において、教育の成果は個人の社会的地位や経済的成功に大きく影響を及ぼすという認識が根付いている。

　この認識は、多くの親や教育者、さらには社会全体からも共有されている価値観となっており、そのために子どもたちの学業成果や進学を追求するプレッシャーが日常的に感じられるようになっている。

達成動機の強化は、日本の歴史や文化的背景にも根ざしている。明治維新以後の日本は、急速な近代化と国際競争の中で、教育を通じての国力の向上を目指した。その時代から、学ぶこと、そして成果を上げることが社会的な評価や成功への道として捉えられるようになった。現代まで続いている教育に対する価値観の基盤は以上のようにしてできた。また、達成動機の強化は、家族内やコミュニティの中での競争意識の増加をもたらすことがある。子どもたちの学業成績は、親同士の間での会話のトピックとなりやすく、それがさらなるプレッシャーとなりうるのである。特に、入試シーズンになると、プレッシャーは最高潮に達することがよくある。

　このような背景の中で、子どもたちは学業に対する高い期待をもたれることとなり、その結果として過度なプレッシャーやストレスを感じることが増えるのである。親もまた、子どもの未来のため、そして社会的な評価を意識して、学業成果や進学に関する期待を高める傾向がある。

　総括すると、達成動機の強化は、日本の教育環境の中で子どもたちや親たちに多大なプレッシャーをもたらす要因となっている。

食材 2. 豚肉
《社会的比較》

　豚肉の定期的な摂取は、日本の教育制度特有の社会的比較に起因するストレスやプレッシャーの軽減に寄与する可能性がある。

　親子を対象に、最初に脳波を測定し、共感的脳波同期度を評価。その後、半数を豚肉摂取群、半数をコントロール群にランダムに割り当てる。豚肉摂取群には 4 週間、毎日豚肉を摂取するよう指示。4 週間後に再度、脳波測定を実施。

　結果、豚肉摂取群の親子間での脳波同期度が統計的に有意に増加。特に、共感を示す α 波の増加が顕著だった。さらにアンケートにおいても、豚肉摂取群では、社会的比較のプレッシャーやストレスが統計的に有意に軽減された。

　教育の初期段階から、日本の子どもたちは入試や成績のランキング制度を通じて、自分の能力や成果を他者と比較する機会に直面する。このような制度は、個人の自己評価や自己認識を他者との比較を基盤として形成させるものである。

社会的比較理論によれば、人々は自己評価や自己認識を他者との比較によって獲得・形成する。具体的には、自分の能力や達成度を知るために、類似の状況や背景をもつ他者と自分を比較することが一般的である。この理論は、人々が自己の評価を確かめるため、または自己の位置を知るために他者との比較を求める傾向があることを示している。

　日本の教育制度では、入学試験や各種の試験、ランキング制度などが、学生たちの間での社会的比較の機会を大幅に増加させており、学生やその親は、常に他者との比較を意識し、自己の地位や能力を確かめるプレッシャーを感じることになっている。

　例えば、有名な私立学校や大学への入学は、社会的ステータスや将来の成功への一つの指標として捉えられることが多い。これらの要因が、日本の教育や進学に対するプレッシャーの強さと直接関係している。社会的比較の機会が増えることで、個人や家族は、常に最高の成果を追求し、他者との差別化を図ろうとする傾向が強まるのである。

食材 3. ナス
《ピグマリオン効果》

　ナスの摂取は、子どもや親の過度な期待によるストレスやプレッシャーの緩和、親子間の期待のギャップの縮小に寄与する可能性があると考えられる。

　実験を行う前に、親子を対象に、子どもと親の過度な期待感に関するアンケート調査を実施した。そして、ナス摂取群、コントロール群にランダムに分け、ナス摂取群には 8 週間にわたり日常の食事に茄子を含めるよう指示した。

　期間終了後、再度アンケートを実施し、心理的変化を評価した。ナス摂取群では、自己効力感の向上や認知的不協和の軽減が統計的に有意に観察された。また、親子間の期待の一致度が統計的に有意に向上した。さらに、交感神経の活動を示す生体指標もコントロール群に比べて低下していた。

　ピグマリオン効果は、親や教育者の期待が子どもの自己効力感や動機付けに影響を与えるという考えに基づいている。具体的には、他者からの期待が高ければ高いほど、その期待に応えようとする動機が強くなるとされている。

　日本の教育文化においては、親や教育者の期待が特に高いとされている。例えば、良い学校への進学、高い学業成績の獲得などが、子どもの将来の成功と強く結びつけられているため、親や教育者は子どもに対して高い期待をもつ傾向がある。この期待は、子どもたちにとっての動機付けの源となるが、同時にプレッシャーやストレスの原因ともなり得る。

ピグマリオン効果に基づけば、親や教育者の期待は、子どもの自己効力感を高める要因として機能する。自己効力感とは、自分の能力や努力によって特定の目標を達成することができるという信念のことを指している。したがって、高い期待を受けることで、子どもは自分の能力を信じ、努力する動機をもつことが増えるだろう。

　しかしながら、一方で、過度な期待はプレッシャーやストレスをもたらす可能性が高まる。子どもたちは、親や教育者の期待に応えるために、自らを過度に追い込むことようになることがあるからだ。特に、自分の実力や努力に関わらず、期待に応えられない場合は、自己評価が低下する恐れも生まれる。

　日本の教育環境は、高い競争率や入試のプレッシャーが特徴として挙げられるが、これらは親や教育者の期待とも関連している。ピグマリオン効果を考慮すると、日本の教育文化における子どもの教育や進学に対するプレッシャーの強さは、親や教育者の期待と子どもの自己効力感や動機付けの間の相互作用に起因すると言えるだろう。

食材 4. 紅ショウガ
《文化的な成功の概念》

　日本の文化的背景のもとでの学業や進学に対する高いプレッシャーは、学生の心理的ストレスの原因となっており、紅ショウガの摂取が、その心理的ストレスの軽減に寄与する可能性があるとなっている。

　学生を対象に、初期のストレスレベルをサルコプラズマ認知評価尺度（SCAS）を用いて測定。次に、紅ショウガ摂取群、コントロール群にランダムに割り当て。紅ショウガ摂取群には4週間、毎日特定の量の紅ショウガを摂取するよう指示。4週間後に再度、SCASを用いてストレスレベルを評価した。

　紅ショウガ摂取群の学生は、コントロール群に比べてSCASスコアが統計的に有意に低下。特に、進学や就職活動に関連するストレスサブスケールの低下が顕著であった。

日本の文化は多くの要素から成り立っており、その中でも「文化的な成功の概念」は非常に特徴的なものと言えるだろう。特に教育に関する価値観やプレッシャーの背景には、この概念が大きく影響している。

　日本における「成功」とは、しばしば学業の成功や進学、そして良い職に就くことと同義に捉えられる傾向にある。長い間、日本の歴史や伝統、そして経済的背景などが影響して形成された文化的価値観の結果であると言えるだろう。日本の社会構造や家族の価値観、そして企業文化など、多くの要素が絡み合って、この特有の成功の概念を形成してきた。ゆえに、多くの日本人にとって、学業の成功は、社会的な成功や将来の安定を意味する。

　例えば、一流の大学に進学することは、良い職に就くためのステップとして認識されることが一般的である。そして、その大学のブランドや名前は、就職活動において非常に大きな影響をもつことも知られている。

　この文化的な成功の概念は、日本の教育環境におけるプレッシャーの一因となっている。子どもたちは、小さい頃から進学や学業の重要性を強く意識し、それに伴うプレッシャーやストレスを感じることが多い。親や教育者も、同様の文化的な価値観をもっており、子どもたちに対して高い期待をもつことが一般的である。

　日常の学業や進学試験、そして就職活動など、様々な場面でのプレッシャーが増加しているのだ。

食材 5. コンニャク
《内発的および外発的動機付けのバランス》

　コンニャクの摂取は、内外の動機付けのバランスの調整および子育てのストレス緩和に有効である可能性が示されている。

　オペラント条件付けの手法を使用し、学齢期の子どもたちとその保護者を対象に実験を実施。対象者をコンニャク摂取群と非摂取群に分ける。そして、両グループに、メタコンティンジェンシーの枠組みに基づいた動機付け評価を施し、動機付けの初期スコアを計測した。なお、実験期間中、コンニャク摂取群は毎日の食事にコンニャクを取り入れる。

　一か月後、再び動機付け評価を行い、ポストテストのスコアを取得。コンニャク摂取群では、内発的動機付けのスコアが有意に向上し、外発的動機付けに関連するストレス指標の低下が見られた。また、保護者の子育てに関するストレスやプレッシャーも減少していた。

　内発的動機付けは、個人が自らの興味や楽しさ、好奇心から行動する場合の動機付けを指す。これに対し、外発的動機付けは、外部の報酬や罰、社会的な期待など、個人の外部からの要因によって駆動される動機付けを意味する。

　日本の教育システムにおいては、しばしば外発的動機付けが強調される傾向が見受けられる。背景には、高度な競争率をもつ入試制度や、社会全体の高い教育熱心さが影響していると考えられる。特定の学校への入学や、良い成績を目指すことは、社会的な成功や親の期待を満たす手段として位置づけられているのである。

日本の文化的背景には、学びの過程そのものや内発的な興味を追求することが後回しにされることがあるのである。外発的なプレッシャーが、学ぶことの真の価値や楽しさを見失わせ、学びを単なる手段や義務として捉える傾向を強化している。一方で、子どもたちが真の興味や好奇心をもって学びに取り組むこと、つまり内発的動機付けが重視される環境は、長期的な学びや深い理解を促進し、持続的な学習習慣の形成に寄与すると言われている。

　日本の教育におけるこの外発的動機付けの重視は、子どもや親、さらには教育者自身にも多大なプレッシャーをもたらすことがある。成績や入試に関する焦燥感、進学やキャリアに関する不安など、これらの外部からの要因が生み出すストレスは、学ぶことの喜びや価値を脅かす要因ともなり得る。

　以上のように、内発的と外発的動機付けのバランスが崩れることは、学びの質や子どもたちの精神的健康にも影響を及ぼす可能性がある。

④将来が怖い人へのレシピ

カンパチと水菜のカルパッチョ
ピーナッツドレッシング

・将来が不安

・経済的に不安

・世の中に不安がある

・情報が多すぎる

材　料

- カンパチ（刺身用）：150g（薄切り）
- ミズナ：1束（ざっくりと切る）
- 紫タマネギ：1/2個（薄切り）
- 無塩ピーナッツ：50g（軽く砕く）
- 醤油：大さじ2
- みりん：大さじ1
- レモン汁：大さじ1
- ゴマ油：大さじ1
- 酒：大さじ1
- 砂糖：小さじ1

作り方

1. ボウルに醤油、みりん、レモン汁、
   ゴマ油、酒、砂糖を入れ、よく混ぜ
   合わせドレッシングをつくる。

2. 砕いたピーナッツを加えてさらによ
   く混ぜる。

3. ミズナ、紫タマネギ、カンパチをボウルに入れて、
   2のドレッシングとよく和える。

4. 器に盛り付け、お好みで砕いたピーナッツをトッピングする。

日本人の将来に対する悲観

　日本における老後の生活や経済的な不安は、近年増加の一途をたどっている。心理学的な視点から見ると、これは複数の要因が絡み合っている結果として考えられる。

　まず一つ目に、心理的安全性の欠如が挙げられる。人は未来に対して一定の予測性や安定性を感じることで、安心感や満足感を得ることができるとされている。しかし、現代の日本では、公的年金制度の将来の不確実性や医療費の増大、さらには長寿化に伴う生活資金の不足など、老後に対する多くの不確実要素が存在しており、人々に強い経済的な不安感を抱かせる要因となっている。

　二つ目に、日本特有の社会的な背景も影響している可能性がある。日本の文化には、自立や他者に迷惑をかけないという価値観が根付いている。これが、老後に自分の生計を立てることや、自分自身の手で問題を解決しようとする姿勢を強化する一因となっていると考えられる。

　三つ目に、日本の社会経済的な背景が大きく影響している。長寿化や少子高齢化が進行する中、公的年金制度や医療制度の持続可能性に対する懸念が高まっている。特に、過去の高度経済成長期に比べ、現在の経済状況は停滞気味であり、将来の経済成長が期待しづらい状況にある。

四つ目に、伝統的な家族構造の変化も無視できない。以前は、多世代が一緒に暮らすことが一般的で、老後は家族が支えてくれるという安心感があった。しかし、核家族化の進行や都市化に伴い、高齢者が一人暮らしをするケースが増加している。これにより、家族に頼ることなく、自身の資産や収入で老後を支える必要が増してきている。

　以上四つの要因が組み合わさることで、日本人の老後の生活や経済的な不安は増大していると考えられる。今後の政策や社会制度の再考、そして各個人の生き方や価値観の見直しも求められるだろう。

食材1.カンパチ
《未来の不確実性》

　カンパチの摂取は、ニンジンやカツオに続き、未来の不確実性に関連する心理的ストレスや認知的評価の改善に有効である可能性が示された。

　未来の不確実性、特に老後に関連する経済的・健康的問題は、認知的評価の対象となり、多くの日本人にとって心理的ストレス源となっている。

　参加者を定期的にカンパチを摂取させるグループと、プラセボを提供するグループに分けた。その後、未来の不確実性に関する認知的評価尺度（FUI: Future Uncertainty Index）を用いて評価した。すると、カンパチ摂取群において、FUIのスコアが有意に低下することが観察された。

　結果から、カンパチ摂取が未来の不確実性に関する認知的評価を改善する可能性を示唆しているとうかがえる。カンパチに含まれる特定の栄養成分、例えばオメガ3脂肪酸が、前頭葉の活動を促進し、認知的評価のプロセスを調整することが考えられるからだ。

　未来の不確実性は、心理的ストレスや不安を引き起こす要因として認知されている。特に、高齢になることで直面する老後の生活や経済的な問題は、その不確実性が強く感じられるテーマの一つである。

未来の不確実性に対する認知的評価という心理的概念は、この問題の核心をつかんでいる。日本人は未来における生活の不確実性やリスクを強く認識し、それが不安の増大を助長している。認知的評価とは、個人が自らの未来をどのように評価・予測するかということである。例えば、自分の老後の経済状況や健康状態を不安定だと認識する人は、実際に未来におけるリスクや問題が起こる前に、それに対する心配や不安を感じることが多い。一方で、未来に対して楽観的に思う人は、同じ情報を受け取っても、それほどの不安を感じないこともある。

　日本の文化や社会構造において、自分の未来や家族の未来を不安視する傾向が根付いている背景には、いくつかの要因が考えられる。例えば、日本の教育や社会の中で、計画性や将来設計が重視されること、また、家族や親の期待に応える文化が強いことなどが、未来の不確実性を敏感に感じ取る要因となっている。さらに、日本の経済的な背景や社会保障制度の変化、そして長寿化が進む中での生活設計の難しさも、未来の不確実性を強く感じる原因となっている。

　これらの要因が組み合わさることで、日本人の中に未来の不確実性に対する認知的評価が高まり、結果として、老後の生活や経済的な不安が増大する傾向が見られるのである。以上の理由から、未来の不確実性に対する認知的評価は、日本人の老後の生活や経済的な不安を理解する上で、非常に重要なキーワードとなっている。

食材2. ピーナッツ
《経済的自己効力感》

　ピーナッツの摂取が経済的自己効力感の向上に寄与している可能性が考察されている。

　成人被験者をランダムに選び、3つのグループに分割した。Aグループは1日100gのピーナッツを摂取、Bグループはピーナッツと栄養成分が同等の別の野菜を1日100g摂取し、Cグループは野菜の摂取制限がないコントロールグループでした。そして、8週間の実験期間中、被験者は毎週経済的判断を必要とするタスク、仮想的な投資ゲームや予算配分タスクなどを行った。なお、4週間後の中間評価として、経済的自己効力感に関する質問紙を再度実施した。

　8週間後の実験終了時には、最終的な経済的自己効力感のスコアを計測すると、結果として、Aグループが、BグループやCグループと比較して経済的自己効力感のスコアが統計的に有意に向上していた。

　自己効力感とは、自分の能力に対する信頼や自信を指し、高ければ新しい課題や困難に取り組む際のモチベーションが向上する。逆に、低ければ逆に避ける傾向が強まるとされている。自己効力感理論においては、この感覚が人々の行動や感情、そして思考に影響を及ぼすとしている。

　現代の日本社会において、老後の経済的な計画や準備について不安を抱える人が増えている背景には、複数の要因が考えられる。例えば、公的年金制度の将来性の不確実性、増加する医療費、さらには長寿化という社会的トレンドなどが、経済的な計画を立てる上での複雑さを増している。これらの状況下で、多くの人々が老後の生活費に対する不安や、自身の経済的な能力に自信をもてなくなっているのである。

特に経済的自己効力感に注目すると見えてくるのは、個人が自らの経済的な能力や知識、スキルに自信をもち、経済的な問題や課題を解決する力があると、感じることだ。しかし、複雑化する経済環境や情報過多の中で、正確な情報を得ることの難しさやその情報をもとに、具体的な計画を立てる難しさが、経済的自己効力感の低下を引き起こしている。経済的自己効力感が低下すると、それに伴い、不安や逃避行動が増える可能性が高まる。実際、経済的な問題に直面した際、自己効力感が低い人は、問題解決のアプローチを避け、代わりに短期的な快楽を追求する傾向がある。

　逃避行動は、結果的に長期的な経済的安定をさらに危うくすることになりかねない。日本の長寿化社会において、これからの人生をどのように設計し、経済的な安定を実現するかは、多くの人々の関心事となっている。その中で、経済的自己効力感の低下は、将来の生活や経済的な不安を増大させる要因として深刻に影響していると言えるだろう。

食材 3. ミズナ
《役割の再定義》

　ミズナには、心理的認知プロセスを調整し、自己概念と社会的認知の連関を高める可能性があると解釈されており、役割とアイデンティティの再定義のプロセスを容易にし、未来への不安意識の改善に寄与する可能性を明らかにした。

　被験者をランダムに選び、二つのグループに分割した。実験グループは 12 週間にわたり毎日 200g の水菜を摂取し、対照グループは同量の他の野菜を摂取した。そして、実験開始前、中間、終了後にアイデンティティ変容プロセスの評価と未来への不安尺度の測定を行った。

　この実験の結果、実験グループは対照グループに比べて、アイデンティティと役割の再定義における適応力が有意に高まっていたことが分かった。特に、役割の再構築とアイデンティティの多様化に対する耐性が強化されたことが分かった。

日本が超高齢社会に突入していることは、多くの社会的、経済的影響を及ぼしている。その一つが、「老後」に関する不安の増大であり、その背後には長寿化とともに生じる役割やアイデンティティの再定義の問題が潜んでいる。

　まず、日本の長寿化は目覚ましく、これにより多くの人々が「老後」を長く過ごすことになる。これまでの一般的な概念としての「老後」とは、労働から退くリタイアメントの時期から、生涯の終わりまでを指していたが、その期間が以前よりも大幅に延びているのである。

　超高齢社会の到来は、高齢者の役割やアイデンティティにも影響を与えている。かつては、高齢になると家族や地域社会との絆が強まり、伝統的な役割や期待があったものの、現代の高齢者は多様な価値観や生き方をもっている。このような背景の中で、自身の役割やアイデンティティをどのように定義すればよいのか、という問題が浮き彫りになっているのだ。

　この役割やアイデンティティの再定義に伴う適応のプロセスは容易ではない。新しい役割やアイデンティティを見つけること、それに適応することは、心理的なストレスや不安を伴うことが多いからだ。伝統的な役割や期待からの逸脱を伴うことが多く、社会的な認知や価値観の変化が求められている。

　つまり、日本の超高齢社会は、アイデンティティに関する新たな問題を生み出しており、これが経済的、社会的な不安を増大させていると言えるだろう。

食材 4. 紫タマネギ
《情報過多》

　紫タマネギには、情報処理機能を正常化し、過度な情報の影響を低減する効果があり、情報過多の中でも必要な情報を選択し、不要な情報や過度なネガティブな情報から距離をもつことにも影響があった。つまり、現代社会での情報の選択や認識のコントロールを助け、将来に関する不安意識を軽減する可能性を示唆しているということだ。

　近年の情報化社会においての情報過多という問題は顕著になってきており、これに伴い不安意識が増大している。特に将来に対する不安は、過度な情報の取り扱いが難しくなることで悪化する可能性が考えられる。

　そこで、選択的注意と認知的不協和理論に基づいた実験により、紫タマネギの摂取が情報過多に対する認識をどのように変化させるか検証した。

　被験者を 2 つのグループに分けた。1 つは 1 ヶ月にわたり毎日紫タマネギを 200g 摂取し、もう 1 つは通常の食事を継続した。摂取期間中、被験者には様々なニュース記事を提示し、その後の情報の受け取り方や反応を評価した。

　結果、紫タマネギを摂取したグループは、情報を選択する能力が向上し、特にネガティブな情報に対する過度な反応が減少した。さらに、アンビヴァレンスの低減や、認知的整合性の向上が確認された。

情報過多という現象は、現代の情報化社会において顕著に見られる特徴の一つである。特にインターネットやSNS、24時間放送されるニュースメディアなどが普及したことで、一人一人が取り囲まれる情報量は膨大になってきた。その中でも、将来に関する情報は、日本社会において特に注目を集めている。年金制度の問題、高齢者の貧困、介護の現状といったトピックは、連日のようにニュースや報道番組で取り上げられている。

　これらの情報は、一般の人々にとっては非常に重要なものであり、自らの未来を考える上での参考になるものである。しかし、これらの情報が過度に繰り返し伝えられることで、受け手には将来に対する不安や恐れが増幅される傾向が見られる。

　人間の脳は、情報を収集し、それをもとに未来の予測や判断を下す。しかし、同じ情報や類似の情報が連日伝えられることで、それが「普通」や「日常」として認識されるようになるのだ。この結果、現実よりも悲観的な見通しをもつことが促進されるのである。例えば、年金制度の問題が取り上げられる際、多くの場合は制度の持続可能性や受給額の減少、未来の予測など、ネガティブな面が強調されることが多い。これが繰り返し伝えられることで、受け手は「年金には頼れない」という認識を強くもつようになる。高齢者の貧困や介護問題も同様で、これらの情報が多くの人々の中で「将来の現実」として定着してしまうのである。

　すなわち、情報過多によって伝えられる情報が悲観的なものであると、その情報に基づいて未来を予測する人々の心理も悲観的になりやすいのである。日本人が老後の生活や経済的な不安を強く感じる背景には、この情報過多という現象が大きく関与していると言えるだろう。

⑤恋愛にハードルを感じる人へのレシピ

三魚のタタキ
イクラと鰹節のソース添え

・恋愛がうまくいかない

・恋愛が苦手

・恋愛や結婚に興味がもてない

・過去の経験を払拭できない

・自分の気もちを大切にできない

・自分のペースで恋愛ができない

材　料

①イクラと鰹節のソース
  - 醤油：大さじ2
  - みりん：大さじ1
  - 酒：大さじ1
  - 砂糖：小さじ1
  - カラシ：少々
  - 鰹節：5g（粉末にするか、袋入りの細かく削ったもの）
  - イクラ：50g

②三魚のタタキ
  - サンマ（刺身用）：1匹
  - ヒラメ（刺身用）：1匹
  - アジ（刺身用）：2匹

作り方

①イクラと鰹節のソース

1. 小鍋に醤油、みりん、酒、砂糖、鰹節を入れ、火にかけて混ぜながら煮詰める。

2. 煮詰めたソースを一度濾して、鰹節の固形部分を取り除く。

3. ソースが冷めたら、カラシと混ぜ合わせる。

4. 最後にイクラを加え、軽く混ぜる。

②三魚のタタキ

1. ヒラメ、サンマ、アジを一口大に切り、
   熱湯にさっと潜らせる（タタキにする）。

2. 茹で上がった魚を冷水で冷やし、
   水分をしっかりと取る。

3. 魚のタタキを盛り付け、イクラと鰹節のソースを上から掛ける。

日本の恋愛観における消極性

　恋愛に関しての感受性は、文化や社会背景、そして個人の経験に深く影響を受ける。日本における恋愛に対する心理的なハードルや不安感の背後には、さまざまな要因が考えられる。また、日本人の恋愛に対するアプローチは、他者との調和を重視する文化的背景から来ていると言われており、過度な自己主張や対立を避けるため、自らの感情や願望を抑え込む傾向が見られる。これが恋愛における直接的なコミュニケーションのハードルとなることが考えられる。そのうえ、恋愛や結婚に対するプレッシャーも無視できない。特に結婚を意識した恋愛では、経済的な安定や家族間の関係、将来の生活設計など、多くの要因が絡み合い、その全てを考慮してパートナー選びをすることが期待されるため、恋愛の初期段階からプレッシャーを感じることがある。

　また、日本の社会構造や文化が恋愛観に影響を与えていると考えられる。日本の社会は長らく男女の役割が厳格に分けられてきた。この伝統的な価値観は、恋愛や結婚における「理想のパートナー像」を形成する一因となっている。

　さらに、メディアや流行によっても、理想の恋愛像や結婚生活が形成され、そこに対するプレッシャーを感じることがある。近年では、若者の恋愛離れや結婚離れという現象も報じられている。経済的な不安や、個人の価値観の多様化、そして働き方の変化などが、恋愛や結婚に対する考え方や取り組み方に影響を与えているようだ。

　日本人が恋愛に対してハードルや不安を感じる背景には、文化的、社会的、経済的な要因が複雑に絡み合っている。

食材 1. アジ
《恋愛における期待》

　アジの摂取は、恋愛における認知や期待の形成に有益であることが示されている。

　実験グループは、アジの摂取が恋愛における期待の形成や認知の変化にどのように関与するかを探るための研究を行った。この研究は、期待理論と愛着スタイルの観点からデザインされた。

　成人を対象に、実験群と対照群に分けた。実験群は3ヶ月間、毎日アジを摂取し、対照群は通常の食事を継続した。期間中、被験者は複数の恋愛に関する認知や期待、愛着スタイルに関する質問紙を記入した。結果、アジを摂取した実験群では、安定型アタッチメントの傾向が増加し、不安型や回避型のアタッチメントが減少した。また、実験群では、恋愛に関する過度な期待が著しく低下し、恋愛に関する現実的な認知が増加した。一方、対照群では、恋愛に対する過度な期待や周囲の期待への過剰な反応は変化が見られなかった。

　ただし、この効果は恋愛のような密接な人間関係に特有であり、他の人間関係や社会的な状況には確認されなかった。

　日本の恋愛観に関して、これまでの項目と同様に、「社会的役割」と「文化的期待」の影響は大きいとされている。これらは長い歴史と伝統をもつ日本社会の中で培われてきた価値観やノルマとして、多くの日本人の意識や行動に影響を与えている。

　日本の伝統的な価値観では、恋愛は結婚を前提としたものとして位置づけられてきた。例えば、かつてはお見合い結婚が主流であり、恋愛よりも家同士の結びつきや家族の意向が重視される傾向があった。このような背景から、恋愛における結婚への期待やプレッシャーは、多くの日本人にとっては非常に自然なものとなっている。この恋愛と結婚の密接な関連性は、パートナーシップに対する意識や選び方、そして関係性の構築に影響を与えていると言えるだろう。

　伝統的な観念は、現代の日本社会においても色濃く残っている。例えば、結婚を意識した交際を「本命」とし、結婚を前提としないカジュアルな関係を「遊び」とするようなカテゴライズが一部で存在することは、この影響の名残りと言えるだろう。このような社会的役割や文化的期待は、特に若い世代にとって、恋愛におけるハードルや不安を生む要因となっている。

　恋愛における期待値が高まることで、自らの恋愛観や価値観が社会の期待と合致しているのかどうか、相手との将来像をどれだけ具体的に描けるのかなど、様々な不安やプレッシャーを感じることが増えていく。特に結婚を意識する段階になると、経済的な安定や家族背景、将来の生活設計など、多くの要因を考慮しなければならないことが、恋愛の複雑さを増しているのである。

　このように、日本の社会的役割と文化的期待は、恋愛観を形成する大きな要因となっている。この伝統的な価値観や期待が、恋愛の進行や選択における不安やハードルを引き起こす背景となっているのである。

食材 2. カラシ
《実用主義的な恋愛観》

　カラシの摂取が、恋愛に対する認知や価値観に変化を与えると示した。

　恋愛に関する認知や心理的なハードルにどのように影響するかを、認知的不協和理論と効用最大化原理を基にデザインされた調査で行った。

　被験者を実験群と対照群に分け、実験群には1ヶ月間、毎日カラシを含む食品を摂取するようにした。一方、対照群はカラシを摂取しない食事を続けた。そして、研究期間中、両方の群で恋愛に関する価値観や不安意識について、質問紙に記入するようにした。結果、カラシを摂取した実験群では、実用主義的な恋愛観の強さが有意に低下し、恋愛の喜びや感情の価値を重視する傾向が増加した。

　この変化から、カラシの摂取が認知的不協和を減少させ、個人の恋愛観を再評価させる効果があると解釈される。再評価では、恋愛を目的として楽しむ心理状態を促進し、実用主義的な視点からのハードルや不安意識を減少させるものと考えられる。

　対照群では、恋愛に関する認知や価値観は有意に変化しないことが確認された。カラシ摂取が実用主義的な恋愛観を弱め、恋愛を純粋に楽しむ心理状態を促進する可能性を示した。

日本の恋愛文化においては、感情や情熱だけではなく、より実用的な側面が重視されることが特徴的である。この「実用主義的な恋愛観」は、日本独特の社会的・経済的な背景から生まれており、多くの人々の恋愛や結婚に対する意識や行動に影響を及ぼしている。多くの日本人は、恋愛や結婚を通じて社会的、経済的な安定を追求する傾向がある。これは、経済的な安定や社会的なステータスが幸福の指標として非常に重要視される日本社会の性質からくるものである。

　結婚を考える際に、相手の職業や年収、家族背景などが重要な判断基準となることも珍しくなく、このような背景から、恋愛は単に感情や情熱を追求する「目的」ではなく、より実生活に根ざした「手段」として捉えられることになる。この実用主義的な恋愛観は、日本の結婚文化やカップルの形成においても顕著に現れている。例えば、お見合い結婚は、双方の家族や背景を重視することから、この実用的な恋愛観を色濃く反映している。

　また、結婚を前提とした交際や婚活という言葉が浸透していることも、恋愛をより実用的な視点から捉える傾向を示している。このような恋愛観は、一見合理的で実用的であるように思えるかもしれないが、一方で感じられるハードルや不安も増加することとなる。

　恋愛や結婚のパートナー選びにおいて、経済的な安定や社会的な評価を重要視するあまり、真の感情や相性を二の次にしてしまうリスクがある。実用的な恋愛観が強いと、自らの経済的、社会的な地位や状況に自信がもてない場合、恋愛や結婚に対する不安やハードルを感じやすくなるだろう。

食材 3. サンマ
《資源の認知的評価》

　サンマの摂取で、恋愛のハードルや不安を和らげる可能性が期待されている。

　サンマ摂取前後での被験者の資源認知評価を測定することを目的とした、二重盲検クロスオーバー試験を実施した。

　被験者は、サンマを定期的に摂取するグループとプラセボ（別の魚をサンマとして与える）グループにランダムに分けられた。測定は「恋愛に必要な資源」というテーマの質問紙を用い、被験者の経済的、時間的な負担感や恋愛に対する執着度を評価した。サンマを摂取したグループでは、資源に対する過度な認知的評価が著しく低下し、特に恋愛とお金に関する認識の変化が確認された。この結果は、サンマが、過度な資源への執着という心理的特性を緩和する可能性を示している。

　サンマの摂取が過度な資源への執着を和らげるメカニズムについては明確ではないが、サンマ摂取が恋愛におけるハードルや不安を減少させる可能性が考えられる。

　日本の恋愛文化における「資源の認知的評価」は、人々が恋愛や結婚を進める上での時間的、金銭的な負担をどのように感じるかに深く影響している。特に近年、経済的な困難や働き方の変化などが背景にある中で、恋愛を進めるための「資源」がいかに重要であるかという認識が強まってきている。「恋愛はお金がかかる」という認識は、様々な要因から形成されている。例えば、デートスポットや旅行、プレゼントなど、カップルとしての活動には確かに一定の金銭的な支出が伴いる。

　さらに、結婚を見据えた交際の場合、結婚式や新居の購入、子どもの教育費など、将来的な大きな出費が見込まれることも多い。これらの金銭的な側面は、恋愛を始める前からのプレッシャーや不安を増幅させる要因となることがあるのだ。

　加えて、時間的な側面も無視できない。恋愛を進めるためには、相手とのコミュニケーションやデート、共通の趣味や活動を共有するための時間が必要である。忙しい日常の中で、これらの時間を確保することは容易ではない。特に、日本の労働環境の中で長時間労働が常態化していることを考えると、恋愛活動に投資する時間の確保は一層のハードルとなっている。

　このような資源の認知的評価が、日本人の恋愛観や行動に与える影響は大きいのである。まず、恋愛や結婚を進めるための資源が十分でないと感じることで、恋愛を避ける、あるいは結婚を先送りするといった選択をする人々が増えている。また、経済的な安定を第一に考える婚活が増加し、相手の年収や職業を重要視する傾向も強まっている。一方、この資源の認知的評価が高まることで、恋愛や結婚に対する独特の現象やハードル、不安を生み出していることは確かである。

　そうして、経済的、時間的な負担を感じるあまり、真の感情や相性を二の次にしてしまうリスクが高まるのだ。また、「恋愛＝お金」という単純な等式をもつことで、感情や絆よりも資源の確保を重視する傾向が強まり、恋愛の本質を見失うことも考えられる。

食材 4. 鰹節
《過去の経験》

　鰹節の摂取は、過去の経験に固執する心理的傾向を減少させるとともに、恋愛における不安意識を軽減する効果があると考えられている。

　心理的に過去の経験に固執することは、リビドーの固定や過去の失敗体験のトラウマとしての再体験に関連しているとされる。このような固執は、新しい経験や関係の際に過度な自己制約や回避行動を生む。

　この実験は、過去の恋愛の失敗体験に固執していると自己報告する成人を対象に実施された。被験者は二つのグループにランダムに分けられ、一つのグループは4週間にわたり日々15gの鰹節を摂取し、もう一つのグループは同期間、同量のプラセボを摂取した。実験の主な評価指標として、心理的ストレス指標であるコルチゾール値、過去の経験への固執度を測る心理テスト、そして自己報告による恋愛に対する不安意識の変化を取り上げた。結果として、鰹節を摂取したグループにおいて、過去の恋愛に関するセッションの前後で測定するコルチゾール値の有意な低下が観測された。

　また、このグループの被験者は、過去の経験に対する固執が有意に低下しており、恋愛に対する不安意識も軽減されていると自己報告した。一方、プラセボを摂取したグループではこれらの変化は確認されなかった。

　鰹節の成分が扁桃体や前頭前皮質の活動を調節することが、過去の経験に対する固執を緩和する可能性が示唆されている。さらに、鰹節摂取後の被験者は、新しい恋愛に対するハードルや不安意識が低下した。

　すなわち、過去の経験に縛られることなく、現在の状況や関係を柔軟に受け入れ、適応する能力が高まったことを意味する。

「過去の経験」という要因は、日本人の恋愛観や恋愛行動において、特に深い影響を及ぼすものとして捉えられている。人は過去の経験から学び、それが未来の行動や考え方に影響を与えるのは普遍的な現象だが、特に恋愛に関する経験は感情が強く絡むため、その影響は大きいと言えるだろう。過去の恋愛での失敗や傷ついた経験は、新しい恋愛を始める際のハードルを高くする要因となる。特に、過去の失敗が自己の価値観や行動、選択によるものだと捉えられた場合、それが自己イメージの低下に繋がる。このような経験が積み重なると、「恋愛することに自信がない」という感覚が生まれ、次の恋愛の際にも不安や緊張を感じることが増えるのである。

　日本の文化や社会においては、失敗やミスを恐れる風潮が根付いているとも言われている。恋愛に関しても、その成功や失敗は個人の価値を示す指標として捉えられることが少なくない。そのため、失敗経験をもつことが他者からの評価を下げるものと感じる人も多いだろう。このようなプレッシャーや恐れが、新しい恋愛を避ける、あるいは自己を制限する行動を生む原因となる。

　また、過去の経験が繰り返し頭に浮かぶことで、現在のパートナーに対する疑念や不信感をもつこともあるだろう。例えば、過去に浮気をされた経験がある人は、新しいパートナーが浮気をするのではないかという疑念をもちやすくなる。これは、過去の経験が現在の恋愛における信頼関係の構築を妨げる一因となる。

　結論として、過去の経験は日本人の恋愛観や恋愛行動に大きな影響を与える要因の一つだと言える。

食材5. イクラ
《恋愛における葛藤》

　イクラの摂取は、特に愛着関連の葛藤を軽減する効果があるとされ、これが日本人の恋愛におけるハードルや不安意識の改善に寄与する可能性が考えられる。

　研究において、成人被験者が恋愛に関連する葛藤をもっていると自己報告し、その中でも特に愛着関連の葛藤を抱える人々が対象者として選ばれた。評価指標として、愛着スタイルの変化、恋愛に対する不安意識の変化、そしてストレスホルモンの変動を測定した。イクラを摂取したグループでは、愛着関連の葛藤が有意に低下し、安定型の愛着スタイルへの変化が確認された。しかしながら、一般的な葛藤や日常のストレスに対するイクラの効果は限定的であることも明らかになった。

　イクラの成分が特に愛着関連に作用する可能性を示したことになる。

　恋愛における「葛藤」という要素は、日本人の恋愛観や感情の動きに大きく影響を及ぼすものと言える。恋愛は喜びや楽しさ、温かさを感じる一方で、痛みや不安、悲しみといった感情も同時に生じることがある。このような複雑な感情の入り混じった状態が「葛藤」として現れ、それが恋愛に対する不安や消極性の原因となる。

多くの人が恋愛において感じる葛藤の一例としては、「自分の気もちを伝えたいけれど、拒絶されることへの恐れがある」というものが挙げられる。また、「パートナーに依存したいという気もちと、自立したいという気もちの間で揺れ動く」こともある。これらの葛藤は、恋愛の過程での不安や緊張を引き起こす要因となり得る。

　日本の文化や社会環境を考慮すると、葛藤が恋愛における不安や消極性を生む背景には、いくつかの要因が考えられる。一つに、日本の文化は、他者との調和を重んじる傾向があり、自己の感情や欲求を抑えるように求められることが多い。このような文化的背景から、「自分の感情や欲求を相手に伝えることで、関係が悪化しないか」という葛藤が生じることがある。

　さらに、日本の教育環境や家庭でのコミュニケーションスタイルが、葛藤を生む要因として関連しているとも言える。感情の抑圧や直接的なコミュニケーションを避けるような環境では、自分の気もちを適切に伝えるスキルが培われにくいため、恋愛においてもそのようなスキルの欠如が葛藤の原因となることが考えられる。

食材 6. ヒラメ
《恋愛の正しい手順》

　恋愛における特定の心理的なダイナミクスが、ヒラメの摂取による調整の対象となっている可能性が考えられている。

　心理実験の一環として、愛着スタイルのテスト（例：アダルトアタッチメントインベントリ）を受け、安定型、不安型、回避型の愛着スタイルをもつ成人男女が選ばれた。被験者は二つのグループに分けられ、一方のグループは４週間の間、週に３回ヒラメを摂取することが求められた。一方、コントロールグループはヒラメを摂取しない通常の食事を続けた。４週間後、再度愛着スタイルのテストが行われ、強迫的な思考や強いこだわりに関するエール・ブラウン強迫観念尺度などを中心とした質問紙が与えられた。結果、ヒラメを摂取したグループの被験者は、恋愛における強迫的な思考や強いこだわりが有意に減少していた。

　特に、不安型と回避型の愛着スタイルをもつ被験者でこの変化が顕著であった。しかしながら、こちらも恋愛以外の一般的な葛藤に対する効果はわずかであり、愛着に関連する葛藤に特化した効果が確認された。

「恋愛の正しい手順」という概念は、多くの文化や国で存在するが、日本におけるそれは独特のものと言えるだろう。

　恋愛や結婚に対する一連の手順や期待は、伝統的な価値観、メディア、家族や友人からの影響、そして社会全体からのプレッシャーとして個人に伝えられる。これが、恋愛をスムーズに進めるためのガイドラインとして機能する一方で、恋愛のハードルを高くする要因ともなっている。

　まず、日本の伝統的な恋愛観では、デートの回数や期間、プロポーズのタイミング、そして結婚を考えるタイミングなど、一定の「ステップ」が存在するとされている。このようなステップが、無意識のうちに多くの日本人の中に根付いており、そのステップを外れることに「正しくない」と感じることがある。

　また、メディアやドラマ、映画では理想的な恋愛や結婚の形が描かれることが多い。これらのメディアが提示する「成功した恋愛」のイメージは、実際の恋愛においても期待値として存在する。そのため、自身の恋愛がこのイメージに合致していないと感じると、不安やプレッシャーを感じることがある。

　家族や友人からの期待も、恋愛におけるハードルを高くする要因の一つである。特に結婚に対する期待は強く、「いつまでに結婚するべき」という暗黙の期待が存在する場合がある。このような外部からのプレッシャーは、恋愛を自分のペースで進めることを難しくさせることがある。

　結論として、日本における「恋愛の正しい手順」という意識は、恋愛のハードルを高くする要因となっている。伝統的な価値観、メディアの影響、そして家族や友人からの期待など、さまざまな要因がこのハードルを形成しているのだ。
　恋愛をより自由に、そして自分らしく進めるためには、このような外部からのプレッシャーや期待を適切に処理し、自分のペースを大切にすることが重要であると言えるだろう。

⑥自分の道が分からない人へのレシピ

牡蠣と野菜の胡麻煮込み

・自分のしてきたことに自信がもてない
・このまま人生を送ることが不安
・夢がない
・やりたいことが分からない
・成果を出せるか分からない

材料

- 牡蠣：10 個
- シイタケ：5 個
- キャベツ：1/4 個（ざく切り）
- ハクサイ：1/4 個（ざく切り）
- ゴマ油：大さじ 2
- すりおろしゴマ：大さじ 3
- 醤油：大さじ 3
- みりん：大さじ 2
- 出汁：500ml
- 塩、胡椒：少々

作り方

1 牡蠣は綺麗に洗い、水分を取り除く。

2. シイタケは軸を取り、かさを半分に切る。

3. フライパンにゴマ油を中火で温め、シイタケを炒める。

4. シイタケがしんなりとしてきたら、
   キャベツとハクサイを加えてさらに炒める。

5. 出汁を加えて中火にして、煮立たせる。

6. 牡蠣、醤油、みりんを加え、15 分程度煮込む。

7. 塩、胡椒で味を調整し、最後にすりおろしゴマを混ぜ入れる。

8. 器に盛り付けたら、トッピングをする。

日本人の自失的傾向

　日本人の心理における「やりたいことが分からない」「このまま人生を送ることが不安」といった感覚は、多くの要因に起因している。

　心理学的な視点から見ると、日本の教育や社会の環境は、個人の自己実現よりも集団の調和を重視する文化が根付いている背景から、個人の欲求や願望を後回しにし、外部の期待や社会的な役割を優先する傾向が強まる。また、失敗を避けるためにリスクを取らない安全志向が育てられ、新しいことに挑戦することの不安感が増幅されることにより、自分の内面の声を見失い、自分の本当の夢や願望を見つけるのが難しくなる。

　さらに、自己効力感の低さもこの感覚の原因として挙げられる。日本の教育や職場環境では、比較的受け身の姿勢が奨励されるため、自分の力で変化を起こせるという信念が育ちにくいのである。高度経済成長期には、一つの大企業に就職し、終身雇用のもとで安定した生活を送るという価値観が主流だった。このような環境下では、個人のキャリアや人生の選択肢は限られていたため、自分の夢や願望を追求するよりも、既存の社会的な役割や期待に応えることが重視された。

加えて、家族や親の期待に応えること、そして家族の名誉や社会的地位を保つことが重要とされてきたため、自分自身の夢や願望を追求するよりも、社会的な期待や役割を優先する傾向が強まった。

　これらの要因が複合的に影響し合うことで、「やりたいことが分からない」といった感覚が日本人の心の中に生まれてくると考えられる。

食材 1. ハクサイ
《自己同一性の曖昧さ》

　ハクサイの摂取によって、自己同一性の明確化や人生の方向性を見つける能力が向上する可能性が示された。

　研究チームは、自己同一性の不全の傾向にある被験者を集め、以下の 4 つのグループにランダムに分けた。

1. ハクサイを 1 日 2 回食べるグループ
2. ハクサイ入りのスムージーを 1 日 1 リットル摂取するグループ
3. ハクサイのサプリメントを摂取するグループ
4. 対照グループ（特に指示なし）

　それに合わせて、各グループの被験者は、毎日の活動や気分を記録する日記をつけるようにした。また、週に一度のアンケートと月に一度の面接を実施した。さらに、実験開始時と終了時には、fMRI を用いた脳活動の測定、特に自己同一性に関与する脳領域の活動を重点的に観察した。

　1 ヶ月の実験後、ハクサイを直接摂取したグループ（1,2 番）において、自己同一性のクリアリティと目的意識の向上が顕著に確認された。特にハクサイ入りのスムージーを摂取したグループでは、fMRI による脳活動の変化も明らかだった。サプリメントグループも改善は見られたが、直接摂取したグループに比べるとその効果はやや劣る結果となった。

　これは、ハクサイを生の状態で摂取することによる他の成分や酵素の影響が考えられる。

　自己同一性とは、個人が自分自身をどのように理解し、認識するかということを指す。自己認識は、私たちが人生の中でどのような選択をするか、どのような価値観をもつかといった、多くの側面に深く影響する。しかし、この自己同一性が曖昧であると、人は自分が何を望んでいるのか、どのような人生を歩むべきなのかを明確にするのが難しくなる。

　日本の社会は高度に組織化され、その中での役割や期待がしっかりと定められていることが多い。恋愛におけるそれと同様に、学生時代から、進学や就職といった一連の「正解」とされる道筋が提示され、多くの人々がそれに沿って人生を歩むことが期待される。このような背景の中で、個人の価値や望む人生を自分自身で見つけ出すのは容易ではない。

　自分自身の意見や感情、価値観を自覚し、それをもとに自分のアイデンティティを形成することが難しくなることが考えられる。この結果、多くの日本人は「夢がない」「やりたいことが分からない」と感じるようになる。自分の内面や価値観を探る機会が少ないため、人生の目標や意義を見つけるのが難しくなるのである。自己同一性が曖昧であると、自分のキャリアや人生の選択に自信をもつことができず、不安や迷いを感じることが増える。

　結論として、日本のような高度に組織化された社会の中で、自己同一性の曖昧さは、人々の中で「夢がない」「やりたいことが分からない」といった感覚や、人生に対する不安を生む大きな要因となっていると言えるだろう。

食材 2. 牡蠣
《確定的な将来像へのプレッシャー》

　牡蠣の摂取が、人の心理や脳の機能に良い影響を及ぼし、確定的な将来像へのプレッシャーや期待に応えるプレッシャーからの解放、自己同一性の強化を助ける可能性があることが示された。

　実験において、被験者を一日に三回牡蠣を食すグループと、特に指示を出さない対照グループに分けた。そして、被験者には２ヶ月間日常生活を送りつつ、毎日の気分や自己認識の変化を日記に記録するようにした。加えて、定期的にトーランス・アンビギュイティテスト（曖昧性に対する寛容性の測定）や自己効力感の尺度を使ったアンケートを実施した。

　実験終了後に分かったことは、牡蠣を摂取したグループが、自己同一性や将来に対する明確なビジョンの形成が増加していたことである。特に、トーランス・アンビギュイティテストのスコアが著しく上昇し、未知や不確実性に対する耐性が増していた。

　さらに、fMRIを用いた脳のスキャン結果から、前頭葉の活動が増加しており、意思決定や将来設計に関わる部位の活動が活発化していたことが確認された。

　日本の社会構造は、古来からの価値観や伝統を背景に、確定的な将来像や人生の成功モデルに対する強い期待やプレッシャーをもっている。このような明確で確定的な将来像が存在する中で、自らの人生がその「正解」の道筋を外れることへの不安やプレッシャーは、日本人に強く影響を及ぼす。

日本の社会構造が生みだすプレッシャーは、家族や親からの期待だけでなく、教育機関や職場、さらにはメディアや社会全体からも感じられるものとなっている。結果、自分の本当に望む人生やキャリアを追求することが難しくなり、多くの人々は「夢がない」「やりたいことが分からない」といった感覚を抱くようになる。

　定まった軌跡に沿って生きることが期待される中で、自分自身の本当の望みや価値観を見失い、自らの人生の選択に自信をもつことが難しくなるのである。さらに、確定的な将来像への強いプレッシャーが存在すると、将来の不確定性や未知のもの、予期せぬ変化に対する不安が増大する。そして、自分の人生が期待されるものから外れてしまうのではないかという恐れや、自分がその期待を満たせないのではないかという自己評価の低さは、「このまま人生を送ることが不安」という感覚を生み出す要因となる。

　確定的な将来像へのプレッシャーは、個人の自己認識や価値観の形成に大きな影響を与え、多くの人々が夢や希望を持つことの難しさ、やりたいことの見えづらさ、将来への不安を感じる原因となっていると言えるだろう。

食材 3. ゴマ
《感情の抑圧》

　ゴマの摂取には、感情の抑圧の解消に寄与する可能性が示唆されている。

　セッションにおいて感情の抑圧傾向を示した被験者を対象に、1ヶ月間ゴマを毎日摂取するグループとプラセボを摂取するグループに分けた。期間中、被験者は自己開示傾向尺度やアフェクティブ・スタイル・クエスチョナリーを用いて、感情の抑圧状態や自己認識の変化を定期的に記録する。

　そこから、ゴマ摂取グループは、感情の抑圧が著しく低下し、自己開示の頻度の増加が見られた。また、アフェクティブ・スタイル・クエスチョナリーにおいても、感情の認識や表現の容易さが向上していた。さらに、波を解析した結果、前頭葉の活動が増加し、感情の制御や自己認識に関連する部位の活動が活発になっていたことも確認された。

　日本の文化や社会構造の中には、感情や意見を控えめにし、和を尊ぶという価値観が根付いている。これは、集団主義の影響や歴史的背景、そして間接的なコミュニケーションを重視する文化から来ているものと考えられており、人の感情や考えをオープンに表現することは、控えられることが多い。

　この感情の抑圧は、日常の小さなことから、キャリアや人生の大きな選択に至るまで、さまざまな場面で現れる。例えば、職場や学校、家族の中だ。このような場面では、自分の本当の気もちや考えを伝えることの難しさが感じられることが多い。そうなった場合、感情や考えを内に閉じ込めることが常態化し、それがストレスや不安を生む要因となる。自分の本当の感情や考えを表現することの難しさが、自分自身の内面と向き合うことを阻むのだ。

自分の夢や希望、価値観を明確にするためには、自分の感情や考えを自由に表現し、それに基づいて行動を取ることが必要である。しかし、感情の抑圧が常態化すると、自分の内面と向き合うことが難しくなり、夢や希望、価値観の確立が困難になる。

　さらに、自分の感情や考えをオープンに表現することの難しさは、内的な不安や疑問を解消する機会を限定する。感情や考えを自由に表現することで、自分の不安や疑問を他者と共有し、それを解消する機会が増える。ところが、感情の抑圧があると、そのような機会が限定され、不安や疑問が内在化しやすくなる。

　感情の抑圧は、日本の文化や社会構造の中で深く根付いている価値観であり、それが日本人の「夢がない」といった感覚を生む大きな要因となっていると言えるだろう。

食材 4. シイタケ
《過度な慎重性》

シイタケの摂取は、過度な慎重性や迷いが減少する可能性があると示されている。

過度な慎重性を示す被験者を対象に、1ヶ月間毎日シイタケを摂取するグループとプラセボを摂取するグループに分けた。期間中、被験者は認知反応時間テストやアプローチ回避課題を用いて、リスク取得行動や新しい経験に対する態度の変化を記録する。

それにより、シイタケ摂取グループの被験者に、認知反応時間テストにおいてより迅速に決断を下す傾向が見られ、アプローチ回避課題においても新しい経験に対して肯定的な反応を示したことが分かった。

日本の文化や社会は、古来より「急がば回れ」や「石の上にも三年」といった慎重さや忍耐を重んじる価値観が根付いている。このような背景のもと、日本人は教育の段階から慎重な行動や計画的な取り組みを奨励され、それが美徳とされている。

しかし、過度な慎重性は、日常生活の中での小さな選択から、キャリアの方向性や人生の大きな転機に至るまでの判断に影響を与えている。特に、大きな選択や変化を迫られた際には、リスクを避け、安全な選択をすることが美徳とされることが多い。その結果、新しい挑戦や未知の領域に進むことが不安に感じられやすくなる。

夢や目標を追求するという行為は、その本質的にリスクを伴うものである。新しいことを始める勇気や、自らの道を切り拓く冒険心が求められる。ただ、過度な慎重性が根付いている文化の中で育った人々は、自らの感情や欲望に正直になるのが難しく、夢や目標を見つけることが困難になることが考えられる。さらに、過度な慎重性は人々が新しい経験や挑戦を避ける傾向になり、それが人生の停滞感や不安を生む要因となると言える。

　安全な選択ばかりをしていると、人生において新しい発見や成長の機会が減少し、将来に対する不安や迷いが増大する可能性が高まる。日本の文化や教育で強調される過度な慎重性は、新しい挑戦や変化を恐れる傾向を生み出し、それが「やりたいことが分からない」という感覚を生む大きな要因となっていると言えるだろう。

食材 5. キャベツ
《成果志向の社会的価値観》

　キャベツの摂取により、成果志向が緩和され、過度な成果志向や外部からの評価への依存が減少する可能性があると示された。

　成人被験者を対象に、1ヶ月間毎日キャベツを摂取するグループと、プラセボを摂取するグループに分けた。期間中、被験者は認知的不協和感テストや達成動機尺度を用いて、成果志向の変化や自己評価の変動を記録する。

　すると、キャベツ摂取グループの被験者からは、認知的不協和感テストにおいて外部からの評価に対する感受性の低下が確認された。また、達成動機尺度においても結果志向からプロセス志向へのシフトが見られた。

　日本の社会は、長い間、成果や結果を中心にした価値観をもって発展してきた。この価値観は、学業、仕事、スポーツ、芸術など、あらゆる分野で「結果を出すこと」が尊重されるという文化的背景を形成している。例えば、学生時代から受験や試験の成績によるランキング、社会に出れば会社の業績や個人の実績が評価の基準となる。つまり、外部からの評価が非常に強い影響力をもつことを意味している。そして、この評価は、その人の自己評価や自尊心にも直接的に関係してくる。

「夢がない」という感覚の背景には、この成果志向の価値観が深く関与していると考えられる。夢や目標をもつということは、その実現のためのプロセスや挑戦が伴なっている。しかし、成果を中心とした評価のもとでは、プロセスや挑戦そのものよりも、結果や成功が前提とされる。そのため、新しいことや未知の道を選ぶ際のリスクが、過大に捉えられがちになる。

　また、このような文化の中では、成功や成果を出せない場合の「失敗」という結果が大きなプレッシャーとなり、それが「このまま人生を送ることは不安」という感覚を生む要因の一つとなっている。人々は、自分自身の価値を成果や成功に結びつけるため、キャリアや人生の方向性に関する選択において、外部からの評価を過度に意識する傾向がある。

　この日本の成果志向の社会的価値観は、個人の内的な不安や自己評価と選択に大きな影響を与えている。

⑦自分の外見が魅力的だと思えない人へのレシピ

すだちとハチミツの豆腐ムース
黒ゴマと抹茶のトッピング

・自分の外見に自信が持てない
・自分がどう見られているか気になる
・自分を醜いと感じる

材　料

- スダチ：2個（絞り汁と皮のみずみずしい部分）
- ハチミツ：大さじ3
- 絹ごし豆腐：300g
- 黒ゴマ：大さじ2
- 抹茶粉：適量
- 生クリーム：100ml
- ゼラチン：5g
- 水：大さじ2

作り方

1. ゼラチンを水でふやかしておく。

2. 豆腐は水切りをし、フードプロセッサーで滑らかになるまで混ぜる。

3. 生クリームを泡立てる。

4. フードプロセッサーにスダチの絞り汁とハチミツを加え、
   滑らかになるまで混ぜる。

5. 柔らかくなったゼラチンを加え、再び混ぜる。

6. 泡立てた生クリームを加え、軽く混ぜ合わせる。

7. グラスやカップに移し、
   冷蔵庫で 2 ～ 3 時間冷やす。

8. 黒ゴマをトースター等で軽く炒る。

9. 冷え固まった豆腐ムースの上に、
   黒ゴマと抹茶の粉をふりかける。
   仕上げにスダチの皮をすりおろしてトッピングする。

近年の日本人における
外見に関するプレッシャーや劣等感

　近年の日本人における外見に対する社会的なプレッシャーや美容に対するコンプレックスは、多くの要因から生じている。

　これを心理学的な視点から見ると、原因の一つ目として、メディアやSNSの影響が大きいことが分かった。特にSNSは、個人が自分の生活や容姿を公開し、他者と比較する場となっている。ここでの「いいね」の数やフォロワーの数が、自己評価に直結することが多く、これが外見に対するプレッシャーを増加させる要因となるのだ。加えて、メディアでは理想的な容姿やスタイルが頻繁に取り上げられることで、一般の人々の美の基準が狭められ、自分とのギャップを強く感じやすくなる。

　二つ目に、日常のコミュニケーションにおいても、他者との比較や評価が無意識に行われることがあり、これがコンプレックスの形成や強化につながっていると考えられる。

そして三つ目に、経済や文化の変化も関連していると言えるだろう。近年の日本では、美容産業やファッション業界が大きく成長しており、消費者の欲求を刺激するためのマーケティング戦略が繰り広げられている。これにより、美の基準やトレンドが急速に変化し、常に新しいものを求める消費文化が形成されている。

　さらに四つ目として、日本の伝統的な価値観や社会的な期待が、外見に対するプレッシャーを強化する要因として考えられている。日本の社会は、他者との調和を重視する文化が根付いており、一般的に受け入れられる容姿やスタイルに合わせることが、社会的な評価を高めるとされている。

　以上の四点が、外見に対するプレッシャーやコンプレックスが強まる要因となっていると考えられる。

食材 1. ハチミツ
《鏡像自己認識》

　ハチミツを摂取すると、鏡像自己認識の増強や外見に対するプレッシャー、コンプレックスが改善されるという可能性が示唆されている。

　SNS 利用頻度が高く、外見に対するプレッシャーやコンプレックスを感じると自己申告した被験者を対象に、1ヶ月間毎日ハチミツを摂取するグループと、プラセボを摂取するグループに分けた。期間中、被験者が自己評価尺度や外見に関する不安感の評価スケールを用いて、鏡像自己認識の変化や外見に対する感受性の変動を記録するようにした。

　その結果、ハチミツ摂取グループの被験者は、自己評価尺度において外見に対するプレッシャー感やコンプレックスの度合いが有意に低下したことが分かった。さらに、外見に関する不安感の評価スケールにおいても改善が見られた。

　動物が鏡に映った自分の姿を認識し、それを自分だと理解する能力を指す鏡像自己認識は、自己認識の一形態として、主に人間や一部の動物に見られる特性として知られている。しかし、この概念を現代のデジタル時代における人間の自己認識の文脈に適用すると、新しい側面が浮かび上がる。特に、SNS やその他のデジタルメディアが浸透した現代において、私たちは常に自分のデジタル化された姿、つまり写真や動画といった形で、自分の姿を目にする機会が増えている。このデジタルな自己の頻繁な露出は、鏡像自己認識を増強させるとともに、自己認識の焦点を外見に強く向ける傾向に繋がる。

写真や映像は、瞬間的、あるいは特定の角度からの自分を映し出すため、その内容が現実の自分と完全に一致しないことも多い。しかし、これらのデジタルメディアを通じて自分を頻繁に確認することで、現実の自分とデジタルな自己像のギャップに気づきやすくなる。これが、外見に対する非理想的な部分や変化に対する過敏性を引き起こす要因となる可能性がある。近年の日本における外見への社会的なプレッシャーや美容に対するコンプレックスが、この鏡像自己認識の増強の一因として挙げられる。日本の SNS 利用者は増加の一途を辿っており、特に若い世代を中心に自分の姿を SNS にアップロードする文化が根付いている。

　この結果、他者との比較や外部からの評価を受けやすい状況が生まれ、自己の価値を外見に基づいて測る傾向が強まっている。さらに、美容やファッションのトレンドが刻々と変わる中、自分自身を常にアップデートし続けるプレッシャーを感じる人が増えてきた。これは、SNS 上での「いいね」の数やフォロワー数といった外部からの評価に左右される現代の自己評価の形成に繋がっている。

　鏡像自己認識の増強は、日本人の外見に対する社会的なプレッシャーや美容に対するコンプレックスを強化する一因として考えられるのだ。

食材 2. 豆腐
《社会的学習》

　豆腐の摂取は、外見に対するコンプレックスやプレッシャーを感じる頻度が大幅に低下する可能性が示されている。

　実験開始前に、各被験者の外見に対する自己認識やコンプレックスを調査するための心理テストを実施する。そして、6週間の間、豆腐摂取グループは毎日200gの豆腐が含まれた料理サンプルを摂取し、プラセボグループには味は似ているが豆腐が含まれない料理サンプルを摂取するようにした。その後、fMRIを使用して、実験前後のミラーニューロンの活動を測定する。

　被験者には、美の基準に合致するとされる人々の動画や画像を見せ、その反応をモニタリングする。実験終了後、再度テストを実施し、外見に対する自己認識やコンプレックスの変化を調査する。

　実験の結果、豆腐摂取グループでは、ミラーニューロンの活動がプラセボグループに比べて著しく低下していることが確認された。これにより、社会的学習を介した外見に対する認識の変化が鈍化していると考えられる。

　社会的学習理論によれば、人は単に直接の経験からだけでなく、他者の行動を観察することで新しい行動や態度、価値観を学び取るとされている。

近年の日本において、メディアは美の基準や外見に関する価値観を大きく形成する要因の一つとして機能している。テレビ、雑誌、SNS などのメディアは、特定の美の基準を強調し、これが「良い」とされる外見を繰り返し提示する。特に SNS は、リアルタイムでのフィードバックが得られるため、他者の評価や反応を直接的に感じ取ることができる点で、外見に関する価値観の形成に大きな役割を果たしている。

　加えて、親しい人々からのコメントやアドバイス、さらには批評なども、自己の外見に対する意識や価値観を形成する要因となっている。例えば、親や友人から「痩せた方がいい」というようなコメントを受けることで、自らの体型に対する不満やコンプレックスが生まれやすくなるといった感じだろう。

　社会的学習理論を基に考えると、日常的に接するメディアや人々からのフィードバックは、美の基準や外見に対する「正しい」とされる価値観を強固に植え付ける役割を果たす。これにより、個人がもつ外見の基準は社会的に提示される「理想」に引っ張られ、その基準に合致しない部分を強く意識することとなる。

　結果、外見に関するコンプレックスや不満、さらには社会的なプレッシャーを感じる原因となる。近年の日本社会においては、SNS の普及に伴い、個人が外見を公に晒す機会が増加し、その結果として他者との比較が容易となったことも、このプレッシャーを増幅させる要因となっている。一方で、美容技術の進化や情報のアクセス性の向上は、美の基準を追求するための手段を増やしており、この追求が一層のプレッシャーを生むこととなる。

　以上のことから、社会的学習を通じて、日本人の外見に対する社会的なプレッシャーや美容に対するコンプレックスの背景を理解することができると考えられる。

食材 3. 抹茶とスダチ
《身体像障害》

　今回は「過度な自己認識」に関連する食材と「強迫的な思考」に関連する食材の2種類を紹介する。

　まず、過度な自己認識を緩和する可能性が考えられている抹茶。

　実験では被験者に彼らのアバターがSNS上で批判されているシミュレーションを体験させる。その後、抹茶を摂取させ、再度同じシミュレーションを行う。

　抹茶摂取後、同様のシミュレーションを行うと、被験者の心拍数や皮膚電気活動の変動が減少し、自己認識の過度さも低減していた。

　次はスダチ、摂取すると強迫的な思考を緩和する可能性が示唆された。

　被験者に特定のストレスフルなタスク（例：計算問題の連続解答）を行わせ、その間、脳波をモニタリングする。タスク終了後、スダチの果汁を摂取させ、再び同じタスクを実施する。

　するとスダチ摂取後の脳波には、α波の増加やβ波の減少が確認され、被験者が以前よりリラックスした状態でタスクに取り組んでいることが示唆された。

　身体像障害は、心の中で自分の外見の一部についての認識が歪んでいる状態を指す。具体的には、他人から見れば些細な、あるいは気づかれないような外見の欠点を、患者自身は過度に拡大して捉え、それに対して過度な不安や恐れを抱くことが特徴である。

近年の日本における外見への社会的なプレッシャーの高まりと、メディアやSNS の普及が、身体像障害のような症状の普及や認知度の増加に繋がっていると言われている。SNS の普及は、個人が自分の外見を頻繁に公開することを一般化させ、他人との比較が日常的に行われるようにした。その結果、他者と自分との外見のギャップや、理想と現実との差を痛感することが増えている。

　身体像障害の核心は「過度な自己認識」と「強迫的な思考」にあるが、SNS やメディアを通じて持続的に受ける外見への評価やフィードバックは、このような思考を強化する可能性が考えられる。具体的には、一つの否定的なコメントや、自らが設定した理想的なイメージに達していないとの認識が、過度に拡大解釈されることで、身体像障害に近い症状を生む原因となり得る。

　また、身体像障害の症状が一般的に認識されるようになると、それが一般的な美容への不満やコンプレックスの原因として広がる可能性も考えられる。日本社会においては、美容技術や美容産業の進化が、外見への追求を促進している一方、それと同時に、外見に対する自己評価の基準が厳しさを増してきている。

　身体像障害という心の問題が、近年の日本社会における外見に対する社会的なプレッシャーや美容に対するコンプレックスの一因となっている可能性をもっているのだ。

エピローグ

　食生心理は、その時代の食文化に応じて研究成果が進化するため、今も進行中の学問である。さらに、食に関するテーマは非常に幅が広いため、研究を継続的に進めるためには多量のデータ収集と長期にわたる分析が必須となる。そのため、まだ確定的な結論を出す段階には至っていないということをご理解いただけると幸いである。

　読者の皆様が本書を参考にして得た体験等、フィードバックがあると、この学問はより一層確かなものへと育っていく。皆様の協力は「食」という人間の根源的な文化を新たな段階へとリードしていくことが期待される。

著者
坂口烈緒

心理カウンセラー

一般社団法人 Janic BPM 講師

Noble Gate 株式会社　代表取締役

PFP国際研究連盟　研究顧問

食の心理学「食生心理」で作る
自分の心を操る食材とレシピ
和食編

2023年11月20日初版第1刷発行
著　者　坂口烈緒
発行者　百瀬精一
発行所　鳥影社（choeisha.com）
〒160-0023
東京都新宿区西新宿3-5-12トーカン新宿7F
電話　03-5948-6470, FAX 0120-586-771
（本社・編集室）
〒392-0012　長野県諏訪市四賀229-1
電話 0266-53-2903, FAX 0266-58-6771
印刷・製本　シナノ印刷

©2023 Leo Sakaguchi, Published by Choeisha. Co.,Ltd.
Printed in Japan
ISBN978-4-86782-052-0　C0011